**决定儿子未来的书！教他面对成长，勇敢做自己**

# 好爸爸说给青春期儿子的秘密话

静涛◎著



黑龙江教育出版社

**图书在版编目（CIP）数据**

好爸爸说给青春期儿子的秘密话 / 静涛著. -- 哈尔滨：黑龙江教育出版社, 2017.7

（读美文库）

ISBN 978-7-5316-9537-0

Ⅰ. ①好… Ⅱ. ①静… Ⅲ. ①男性－青春期－健康教育 Ⅳ. ①G479

中国版本图书馆CIP数据核字（2017）第199199号

**好爸爸说给青春期儿子的秘密话**

Haobaba Shuogei Qingchunqi Erzi De Mimihua

静　涛　**著**

---

**责任编辑**　高　璐
**装帧设计**　MM末末美书
**责任校对**　杨　彬
**出版发行**　黑龙江教育出版社
（哈尔滨市南岗区花园街158号）
**印　　刷**　保定市西城胶印有限公司
**开　　本**　880毫米×1230毫米　1/32
**印　　张**　7
**字　　数**　140千
**版　　次**　2018年1月第1版
**印　　次**　2018年1月第1次印刷

---

**书　　号**　ISBN 978-7-5316-9537-0　　　**定　　价**　26.80元

---

黑龙江教育出版社网址：www.hljep.com.cn

如需订购图书，请与我社发行中心联系。联系电话：0451-82533097　82534665

如有印装质量问题，影响阅读，请与我公司联系调换。联系电话：010-64926437

如发现盗版图书，请向我社举报。举报电话：0451-82533087

# 前言

有一天，当你和同学们谈笑，发觉自己的声音不再是稚嫩的童音；

有一天，当你对着镜子擦脸，看到脸上冒出了红色的痘痘；

有一天，当你看着窗玻璃上的映像，发现上唇长出了细细的唇髭；

有一天，当你从睡梦中醒来，发现床单上画下了神秘的“地图”……

儿子，祝贺你，你已经走上了一条多彩奇妙的青春探险之路！

在这条路上，你将体验以往未曾经历过的生理和心理的变化，你的身体会逐渐成熟而充满力量，你的性情会变得稳重、宽容，你的头脑会逐渐被各种丰富的知识充盈。在今后的岁月里，你的思索过程会越来越多地闪耀着智慧的魅力之光……

待此段行程告一段落，你会赫然发现，你已经不再是那个惊恐地对着新生的唇髭发呆的男孩，你已经是一个男人——是的，这，便是值得期待的青春期的旅程。

很多男孩在走进青春期之后，会遇到不少烦恼：他们开始发现自己在发育的过程中出现了异样，在成长的过程中出现了不能自制的叛逆，在处理问题时感到左右为难，等等。但是当他们面对这些问题的时候，是否愿意及时地和家长进行沟通呢？

因为同样曾经走过青春期，爸爸对青春期儿子遇到的各种问题会有更深、更准确的体会和感触。儿子内心的每一个烦恼，情绪的每一次波动，成长的每一场疼痛，都是爸爸当年所经历所承受的。可以说，每一个爸爸都期待走进儿子的内心，与儿子进行坦诚深入的交流，为儿子释疑解惑，指点迷津，让儿子能正确对待成长中的种种难题，顺利地度过青春期。

青春期的特殊性和重要性决定了我们不能漠然视之，我们需要找到一个途径，帮助男孩们解决青春期的烦恼，亦帮助爸爸们找到与儿子交流的突破口。为此，我们专门编辑了这本《好爸爸说给青春期儿子的秘密话》，希望既能给予青春期男孩们以实质性帮助，又能带给爸爸们一些启迪。

书中辑录了一个个青春期男孩们的故事，截取了男孩们生理、心理、情绪、学习、交友、恋爱、生活等方面的各种场景，或诙谐或沉重，或愉快或忧郁，自然写实，生动逼真，男孩们都能从这些故事中找到自己的影子，找到自己曾为之苦恼的难题。对于故事中的男孩们遇到的问题，都设有“爸爸给儿子的秘密话”进行浅显易懂、张弛有度的解说与分析，真正做到有的放矢、注重实效，力图为男孩们解答所有的烦忧，为他们指引一个光明的未来。

本书道出了天下爸爸的共同心声，代表了爸爸的共同心愿，是爸爸送给儿子的一份特殊的成长礼物。相信每一个青春期男孩们，在爸爸出自肺腑的话语启发下，在爸爸的真情感染下，在爸爸的悉心呵护下，一定会树立起一个更加开阔的视野，向着更加幸福的人生走去。

# 目录

PART 1

# 儿子，你正在长成为男子汉

——说给青春发育的你

脖子前面长的小硬块是什么东西？胸部老是有胀痛的感觉？身上突然长出了那么毛毛？脸上怎么一下子冒出这么多小痘痘？好好的嗓子怎么变得沙哑了？睡觉时怎样老做性梦？

儿子，不要担心，不要害怕，不要羞怯，这些身体变化很正常，每个男人青春期都会出现这些现象，你的这些变化爸爸当年也出现过。你要为自己感到欣喜，因为你已跨入青春的门槛，正在发育长成一名男子汉了！

## 坦然面对第二性征的出现

近来，班上的汪辉变得越来越奇怪了。从前下课经常能听见他在教室里高歌一曲，声音洪亮而高亢，同学们十分喜欢听他唱歌。为此，他也被班上同学誉为“班级歌唱家”。可是，最近汪辉像变了一个人似的，课后再也听不到他的歌声了。他总是一个人低着头趴在桌子上，任凭同学怎么说他，跟他开玩笑，他都不理会。

班主任李老师知道后，把汪辉找来，关心地问：“汪辉，最近怎么了，我可是很久没有听你唱歌了哦！什么时候为我们献上一首啊？”

“老师，我，我……我不会再唱歌了。”

老师惊讶地问：“怎么啦？出什么事了吗？”

“老师，我……我也不知道为什么，我的声音近来变了，连说话时都觉得怪怪的，唱歌时声音更加难听。”

李老师听后，笑着说：“就这啊！声音的变化，对你们这个年龄段的男孩子们来说再正常不过了，你摸摸自己的喉咙，是不是觉得有一块突出来了？”

汪辉用手指摸了一下喉咙，连说道：“嗯！真的有一块突出来了！”

“呵呵，不用担心，这是你成长的一大特征，每个男孩子长大后都会有喉结，声音也会产生变化，随后，你身体其他地方也会慢慢地发生变化，这些都不必恐慌，不用害羞，老师会慢慢告诉你们的。等你完全变声后，还要继续唱歌给我们听哦！”

汪辉低着头，害羞地说：“谢谢老师，我知道是怎么回事了，等我声音变好后，我还会继续唱歌的。”说完，汪辉一脸轻松地回教室了。

## 【爸爸给儿子的秘密话】

男孩在十一二岁时，身体会发生很多变化，上面故事中，汪辉出现的声音变化就是其中很典型的一种。男孩们面对那些变化，会表现出不同的心理，如羞涩或焦虑心理等。这个时候，了解一些自身发育的基本知识，男孩们就能坦然面对自己第二性征的出现了。

根据生理学的相关知识，男孩一般在11岁就开始进入青春期了，进入青春期的第一个表现就是睾丸的长度突增1厘米，宽度会增加0.8厘米。随之，雄激素开始分泌，刺激阴茎开始变长变粗。而身高会在12岁时呈现突增高峰，男孩们看到的同学突然长高一般是这个时候。13岁，男孩会发现阴茎根部的两侧长出颜色浅而且细的毛毛，我们称之为阴毛。14岁时，男孩的喉结会慢慢突出来，要进入变声期了，说话的声音会变粗。

就这样随着年龄的增长，慢慢地你会发现，身上其他部位，比如：腋窝、嘴唇、腿部等都长出体毛来。当然，在此过程中，睾丸和阴茎一直在生长。15岁左右时，由于阴茎增长，阴茎头突出来，睾丸增长基本完成，直到有一天出现遗精，这时你就长成真正的“男子汉”了。

16岁时，男孩的阴茎、睾丸已与成人相同。身体发育会舒缓下来，各项发育渐趋平衡。再过一两年，男孩就会长出可爱又恼人的青春痘。

等到19岁时，男孩基本完成了青春期身体的发育，就会告别曾经的天真和无知，变得身材高大、强壮，声音低沉、有力，成为真正的男人了。

所以，这些身体上的变化是男孩子成长的见证，是成为“男子汉”的必由之路，当青春期的男孩了解了身体发育的规律后，就不必因身体的变化而焦虑或羞涩了，为自己将成为“男子汉”而欣喜吧。

## 男孩长个子也有早晚

体育课上，陈老师点完名后不动声色地把花名册放在一旁，一边看体委带着同学们做准备活动，一边想陆欢又请病假的事儿。陆欢是个开朗大方的学生，不光成绩好，其他方面也很优秀，各科老师都很喜欢他，陈老师也不例外。以前体育课上，陆欢一直很积极，喜欢各种运动，从来没有请假或旷课，可是最近陆欢几乎不上体育课了，这个学期的体育课，陆欢几乎都请了病假，这让陈老师很不满，难道他的体育课就不是课了，一星期才一节，好好学习也不差挤这点时间。

下课后，陈老师顺路走过三班教室，向里望了望，看见陆欢正在认真做习题，陈老师皱了皱眉，轻轻走过去敲了敲陆欢的桌子："陆欢，哪里不舒服了，又没去上体育课，学习很忙吗？"陆欢看见陈老师突然站在自己面前，惊慌地站起来："陈老师，对不起，我昨天把脚扭了。""哦，是吗？"看着陈老师有些不满地离开了，陆欢很难过，知道自己这样做太过分了。

快放学的时候，班主任通知大家明天要体检，告诉大家好多注意事项。陆欢低着头，一边听一边想事情。陆老师通知完大家后，对陆欢说："陆欢，到我办公室来一下。"陆欢低下头没说什么，跟着班主任进了办公室。

"陆欢，老师知道你是个爱学习的好学生，这些值得表扬，但除了学习好，其他方面也很重要。听陈老师说，你最近体育课一直在请假，是不是因为学习呀。以后不能这样子了，体育除了能锻炼身体，还能锻炼人的意志，这也是需要好好学习的呀，应该更重视才对，你说对不对？"在陆老师的询问下，陆欢说出了原因。

原来陆欢一直为自己的身高烦恼，他不上体育课，是因为每次体育课排队时，他都站在最前面，是个头最矮的一个。为此，家里给他买了好多增高的补品，想了好多办法都不管用，这让陆欢很烦恼慢慢有些自卑。这次体检，他想等大家都走了再去，免得量身高时被同学取笑。老师带着陆欢去问体检的医生，医生一听笑了，说："要想长高，就更应该好好锻炼身体、上好体育课呀。别担心，你们现在都很小，好好锻炼，都会长成大个子的。"大家一听都笑了，陆欢也不好意思地笑了。

## 【爸爸给儿子的秘密话】

一群年龄相当的中学生，有的个子要比其他人高很多，而有个别的要矮很多，这是为什么呢？是长得早就会长得高，还是长得晚才长得高呢？这是个困惑许多学生的问题，他们往往担心长个子早晚会对自己最终身高产生影响。

医学研究表明，影响身高的因素有很多，遗传、营养和运动等都会影响到中学生的身高。在这些因素都相当的情况下，还有每个同学的体质不同，长个子时间也会不同。长个早晚并不会决定身高的最终高度。个子长得过早的孩子要警惕性早熟。性早熟是性激素释放异常引起的，这样会导致孩子身高早期发育快，后期身高发育迟滞。

青春期无疑是身高发展的重要时期，在此期间为了给身高增长提供一个优越的条件，男孩们要合理安排自己生活，从饮食、睡眠、运动等各个方面都加以注意，才不至于错过身高增长的最佳时期。

每个人的身高发育时段都不同。青春期时，每个人最先发育的部位也不一致，生殖器、体毛、身高等部位的发育会呈现不同的顺序，因人而异。所以，长个早晚不重要，重要的是为长个做好各方面的准备，提供各种有利于长个的条件。

男孩们也许发现了，那些喜欢户外运动的同学个子会比不爱运动的同学高，这是有科学道理的。经常参加体育运动的男孩身高普遍要高于不运动者。所以，在学校里经常参加单杠、弹跳、游泳、吊环、自由体操、打篮球和引体向上等运动，对长个子很有帮助。

## 长“毛毛”对你是一大喜讯

洗澡时，逸飞突然发现在自己私部长出了怪异的毛毛，他被自己的这一发现惊到了。他突然想起去公共澡堂时曾见到大人们身上有很多毛毛，以为只有大人才会有的东西怎么在自己身上也有了呢？他很不理解，每一次去厕所时也开始感到不好意思，偷偷看同学一眼，也发现同学的身体并没有变化，而自己是怎么回事呢，他百思不得其解。

后来班里的其他孩子也出现了这些问题，有的嘴唇旁边长出了小胡子，看上去上嘴唇脏乎乎的，也有的人腿上长了厚厚的汗毛，毛茸茸的，看着自己也感到很困惑。

“我感觉到了自己身体的变化，我不愿意让别人看到我那绒绒的东西，我开始拒绝洗公共浴池。

“我不喜欢别人用开玩笑的语气对我说：小家伙你长胡子了！这让我感到自己特别透明，我自己的身体他们好像了如指掌似的。

“难看死了，我要拔掉它……这东西太讨厌了。”

### 【爸爸给儿子的秘密话】

进入青春期以后，男孩子突然发现自己从内到外都变了，变得连自己都不太敢认识了。似乎是一夜之间，自己身上多出了很多毛毛，阴部、腋部、胸部、腿部、唇边，甚至脚上都会出现毛茸茸的细毛，“我是怎么了”，相信很多男孩子在当时都存在这样的困惑。

那么，这些毛毛究竟是怎么出来的？

其实，这些毛毛的到来是一个好的音讯，它告诉正在成长的你其实已经不知不觉踏上了通往成熟男性的路途。一般来说，男孩子到13岁左右，会从阴茎根部的两侧长出体毛，也就是阴毛。这时候的阴毛往往颜色浅且细，随着青春期的发育，这些阴毛会逐渐增多，逐渐覆盖会阴部，毛毛颜色逐渐加深、加粗，并开始变得有些卷曲。这些毛毛其实都是在青春期男孩体内分泌的雄性激素的刺激下产生的，在长出阴毛的同时，男孩子还会陆续长出腋毛、胡子，身体上的体毛也会变得长且浓重。这些都属于正常现象，男孩子没有必要为此烦恼和担心。这反而证明了自己在外形上开始变得成熟。

男孩子应该注意，对于这些自己并不十分喜欢的毛毛，也不要用镊子或手拔掉，也不要用刮胡刀刮，否则很容易破坏毛毛周边的毛囊，容易感染毛囊炎或引起皮肤感染。其实，男孩应该正确看待这些毛毛，并且认识到它们的出现是青春期男孩第二性征的表现，不会对自己构成伤害，所以对于自己突然变成满身长毛的“小泰山”，男孩也不必有太多顾虑，顺其自然就好了，因为健康最重要。

## 男孩子的胸部也会胀痛吗

高君打篮球的时候，被同学手肘碰了一下，当时挺疼。大家一起玩儿，难免会有碰撞，加上过了一会儿就不疼了，所以高君就没太注意。

几天过去了，高君洗澡时偶然发现，自己的乳头部位突起，有时候碰到会疼，揉一揉，觉得里面好像有肿块。高君以为是打篮球时碰的，就去药店买了些消炎药。可是几天后肿块还是在，并没有消失，并且又大了一些，高君有些害怕，就让爸爸带自己去医院检查。医生看了看说，不是肿块，是乳房发育。高君和爸爸听了吃了一惊。不是女生才乳房发育吗，怎么自己一个大男生乳房还会发育，真不可思议。医生说，青春期男孩分泌雄激素时也分泌雌性激素，导致乳房发育。这是很正常的现象，没什么，过一段时间就好了。但要注意不要过度使用补品，因为有些补品含有激素，会影响乳房异常发育。

高君回家后，把这事情告诉了妈妈。妈妈听了也很吃惊，说："以后不再随便给高君买补品补身体了。还以为多吃些补品，对正在长身体学习压力又大的高君是好事儿，没想到反是弄巧成拙了，以后可要注意。"

## 【爸爸给儿子的秘密话】

青春期，与高君有着同样烦恼的男孩并不在少数。有个男孩担心地说：我的乳房很肿，摸上去感觉乳房内有一个硬块，并伴随有疼痛感。还有的男孩之间会开玩笑说某同学乳房呀变大了要变成女孩子了。可以看出，很多男孩会有这样的疑惑：乳房发育不是一般指女孩吗，难道男孩子的乳房在青春期也会发育？其实这些是一些认识上的误区，男孩子在青春期也会有乳房的发育，这属于正常现象。

其实，男性青春发育期的乳房发育也是第二性征的表现，也会出现硬块，这是正常的生理变化。乳房主要是由乳腺组织和脂肪及结缔组织构成的，乳腺细胞能识别和接受雌激素，当二者结合后就会使乳腺细胞增生，乳房发育隆起，乳晕可能会变得更宽，颜色更深，乳头变得稍大，等等。

男孩进入青春发育期后，睾丸在产生分泌雄性激素的同时，也分泌极少量的雌激素。雌激素便使乳头部位的乳腺细胞不断增殖，导致乳房形成硬块，肿块一般不会超过乳晕。当然并不是每一个男孩都会乳房明显增大，有的男孩子雌激素分泌微乎其微时就看不出变化，形成的硬块几个月后就会随着内分泌的调节自然消退，所以一般不需要治疗，不影响其他第二性征的继续发育。

需要注意的是，在青春期学习压力很大，但也不要过度食用补品，有的补品中含有激素，这样造成的乳房发育将不利于男孩子的健康，属于异常发育。

## 喉结不明显是不是“假小子”呢

“呦，这小姑娘，长得真俊，就好像个假小子一样。”居委会大妈拍着李威的头，爱怜地说道。

“大妈，我就是个小子。”

李威的话让居委会大妈大吃一惊，赶忙道歉：“真是不好意思，我还以为你是个姑娘呢。”大妈仔细端详着李威，“原来真是个小子，这真是闹的，喉结怎么不明显啊。”

居委会大妈的疑惑不是李威第一次听到了，他总被人误以为是中性打扮的小姑娘，就是因为他的喉结不突出。

可是喉结不突出就不是男生了吗？李威常常照着镜子，看着镜子里的自己，除了喉结不突出之外，其余地方都很男人嘛。

但是李威还是有着隐隐的担忧，他观察周围的男同学，和自己同龄的人，喉结大部分都已经很突出了。就算是比自己小的男孩，有的喉结也比自己的大。那为什么自己的喉结就会这么小，以至于被人误认为是个“假小子”呢？

## 【爸爸给儿子的秘密话】

喉结是青春期男孩的一个标志，突出的喉结，是男性的性征之一。由于雄激素的作用，喉结向前突出，但是突出程度是因人而异的。在学校里，男孩会感觉喉结明显的人很男人，但是喉结不明显是什么原因呢？喉结不明显的学生会质疑自己是否是真正的男人，这样的想法值得商榷。

医学专家，根据临床经验，得出这样的结论：喉结的不明显对男性并无任何实质性的影响。并且，还发现喉结不明显的人很多是非常健壮的运动员。他们肌体发达，无任何异常表现。

究竟是什么原因导致有的人喉结不明显呢？通过调查发现，这些喉结小的男孩一般喜欢大运动量的训练，消耗掉了很多雄性激素，从而使喉结未能突出。

有着过早手淫的男孩的喉结也会看起来不明显，因为手淫也让他们消耗掉很多雄性激素。此外，偏胖的男孩的喉结也会不明显，这个原因就不具体阐述了。

目前，有些医生已不把喉结的明显与否与第二性征的健康联系到一起了。至于，男孩们会认为喉结明显就很男人，喉结不明显男人味就会少些，也是没有道理的。因为，研究发现，喉结的明显与否，和睾丸及阴茎的发育没有直接的联系。而男孩的性成熟，主要取决于睾丸和阴茎的发育程度。有些男孩喉结基本上看不出来向外突出，但是其他性器官发育得非常好就是这个道理。因此，喉结不明显也不一定不是“男人”。

## 没有胡须就不是男子汉吗

东东是走读生，可是最近他父母因为工作原因，需要经常出差。为了东东的安全着想，他们将东东送进了一所寄宿学校。

刚开始住校，东东对什么都很好奇。很快，他和宿舍的几个男孩子就混熟了，大家一起上课下课，相处得很融洽。

一天晚上，从浴室洗漱回来的东东看到宿舍的几个男生围在镜子前面讨论着什么，他放下脸盆凑了上去：“你们在讨论什么呢？”

“我们在比谁的胡子长。”其中一个男孩子自豪地仰着下巴，“我的胡子比你们的都长，我是真正的男人。”

看着那个男孩子嘴周围的绒毛，东东羡慕地看着。忽然一个男生指着东东说：“东东，你怎么没有胡子呀。”

其他几个男孩子纷纷向东东的脸看去，纷纷附和：“是啊，东东怎么没胡子，那么白净，像个女孩子。”

东东羞红了脸，他端着镜子自信观察，果然，自己不像其他男生那样，嘴周围干干净净，一点长胡子的迹象都没有。

到底怎么回事，为什么别的男孩子都长胡子，可是自己却没有胡子？东东被这个问题困扰着，难道自己真的不是个男子汉吗？

## 【爸爸给儿子的秘密话】

一般进入青春期的男孩子随着睾丸渐渐发育成熟，就能产生精子，雄性激素也就旺盛起来。在雄性激素的刺激下，第二性征就更加明显，比如喉结隆起开始变声等，此时，也就会慢慢地长出胡须来。但是，性成熟是个过程，只有当青春期基本完成时，男子体内的雄激素才能达到正常人的状态，胡须才会像成年人那样。

但是，我们会发现，一些男孩的胡须根本看不出来，他们会被其他男孩说成不是男子汉，还要忍受一些过分的嘲笑。那么，没有胡须或者胡须不明显真的就不是男子汉吗？真是一种病吗？为了让男孩对此问题有个正确的认识，减少心理上的负担，我们来看看医生怎么说。

在医学上，胡须的有无和多少和民族、遗传、身体发育状况等因素有关。并且，每个人的胡须的形状也不一样，有的浓密一些，有的稀疏一些，胡须的形状也不同。我们在课本见到的艺术家达·芬奇的胡须非常多，并且分布广，而我们身边的大部分人的胡须没有那么茂密的。

男子胡须的多少并不会影响到他们是否健康，如果从整个身体的发育来看，只要生殖器官以及其他第二性征发育正常的话，就没有什么可担心的。

而对于处于青春期的男孩来说，胡须的生长的时间也不一致，速度也有差异，所以，有的人胡须自然会旺盛些，有的人胡须也会少些，这些都是自然现象，不是异常，不必为此担心。

## 好好的嗓子怎么成了“公鸭嗓”

韩冲是一个初二的男生，已经开始身体发育的他比同班的其他男生都高了半头还要多，他一直都是班里的活跃分子，什么歌咏比赛，朗诵会都积极参加，并且因为自己清脆的嗓音还一度想等到高考了之后考取播音主持专业，成为一名新闻联播的主持人呢。

但是自从寒假过后，大家眼里活跃的韩冲开始变得沉默，他不爱参加集体活动了，也不爱和同学们一起玩，总是在自己的座位上低着头忙忙碌碌，而且好像不太开心的样子。

有时候说句话，也不是清脆的声音了，而是有点瓮声瓮气的，班里的同学关心地问他是不是感冒了，他摇摇头，但是也不说什么。

韩冲究竟怎么了？班主任李老师也注意到了韩冲的变化。有着多年班主任工作经验的李老师抽出一个自习课的时间，把韩冲约到了操场上。

“小伙子，这次学校的朗诵比赛怎么没有报名呀？”

“恩，恩，我不太想去，我，我……”他吞吞吐吐，也没有说明白自己为什么不想去。

李老师耐心地看着他，听着他瓮声瓮气的回答，微笑着说：“是不是觉得自己声音不如以前好听啦？”

韩冲本来低着头，看着自己的鞋子，突然抬起头，跟老师说：“是呀，我的嗓子突然毁了，天天哑，开始以为感冒了，后来一直这样。说起话来就跟鸭子叫一样，别的同学都问我是不是嗓子不舒服，我一听到自己这么难听的声音，就再也不想说话了，怎么能参加朗诵比赛呢，还不够丢人呢！”说到最后的时候，他的眼睛里已经闪出泪花。韩冲为了嗓子的事情已经苦恼了好久了，经李老师这么一问，禁不住难受，都快要掉下眼泪了。

李老师耐心地给他讲解了青春期男孩发育时候关于变声的问题，李老师的话为他解开了心中的困惑，他的脸上重新绽放了笑容，李老师看着他雀跃的背影，由衷地笑了。这些青春期的孩子们……

## 【爸爸给儿子的秘密话】

相信很多男孩子经历过这样的苦闷，那就是自己的金嗓子在不知不觉中变成了“公鸭嗓”，还有可能曾经被女孩起过“破嗓子”“唐老鸭”这样的绰号，还真是郁闷。“为什么我变她不变？

为什么自己有种沙哑带磁性的感觉？”要想解决这些疑问，就有必要来了解男孩子的“变声”这一生理现象。

变声指的是人的声音由童音变为成人声音的过程，这是人成长成熟的一个必经阶段，不仅是男孩，女孩也会经历一个变声的过程，只不过女孩子变声不如男孩子明显罢了。那么进入青春期后声音为什么会变呢？这是因为人的声音主要是由声带的震动引起的，而声带的震动又与喉头的发育直接相关。进入青春期之后，由于雄性激素的分泌增多，会刺激男孩子喉头的快速发育，喉头逐渐变得突出，形成男性特有的喉结。与此同时，喉头里的声带也跟着增长、增宽和增厚，这样经由声带的震动而发出的声音就逐渐变得低沉，由此，男孩子曾经细而高的童声就逐渐被粗而低沉且略带磁性的音质所代替。这也就是所谓的青春期变声。变声是青春期十分正常的生理现象，男孩子没有必要为自己好嗓子的丧失而悲伤。

变声期对进入青少年时期的男性来说是一个很特殊的时期，声音正在经历童声的柔和向成人的低沉的转变阶段，这一时期的声带也显得极为敏感，需要特殊地呵护。同时，不要被变了的音质吓到，这是男性的正常生理变化，是男孩子摆脱稚嫩走向成人的一个中转站。所以，处于这一时期的男孩子，没有必要害羞或焦虑，需要的是细心，这样才能帮助自己成功度过变声期，为自己以后的健康音质打下基础。相信这也是每个男孩子所期望的。

## 身上有难闻的汗臭味怎么办

成军是个热爱运动的男生，上了初中后，他加入了校篮球队、校足球队、校羽毛球队。每天都活动在操场上，挥汗如雨。

本来，男孩子喜欢运动这是好事，锻炼身体，强健体格。但是成军渐渐发现，自己开始被同学们疏远，他不明白这是为什么。

有一天，他打球回来，满头大汗地坐到座位上，同桌捂着鼻子，一脸厌恶地看了他一眼，把凳子往另一边移了移。

“你怎么了？不舒服吗？”成军关心地凑了上去。

“没，没什么。”同学嘴上虽然这么说着，但还是躲着成军。

摸不着头脑的成军闷闷不乐地打开书本。放学后，成军走在回家的路上，遇到了之前的邻居小伟，二人亲热地打着招呼。小伟刚运动完，一头大汗，成军闻到小伟身上的汗臭味：“你这汗臭味太重了啊，得赶紧洗澡去。”

小伟哈哈大笑：“你还笑话我，你运动完，比我还严重呢，你忘记了。”

小伟的话提醒了成军，他忽然明白过来同学们的反应是怎么回事了，原来是嫌弃自己身上的汗臭味。

“谢谢谢谢，我终于知道了。”成军向一脸莫名其妙的小伟道谢后就跑回家了，困扰他很久的心结终于解开了。

## 【爸爸给儿子的秘密话】

随着青春期的到来，有的男孩会发现自己身上开始有一种很难闻的汗臭味，特别是那些爱运动的男孩子，就会觉得很自卑，怕给别人带去不舒服，不敢和别人走得太近。很多男孩还会认为这是一种不会影响身体健康但又挥之不去的病。

到底这可恶的汗臭味是什么原因造成的呢？根据医生的解释，青春期的汗臭是一种正常现象，不是什么病症，它主要是由于青春期的孩子腺体分泌旺盛，大汗腺分泌增加，就会出大量的汗液。大汗腺主要分部在腋窝等不便于立即清洗的地方，这些汗液分泌多的部位，就会有大量的细菌在这里繁殖。而细菌则会把汗液分泌物分解成不饱和的脂肪酸和氨，因此散发出难闻的汗臭味。

一般来说，出汗对身体是很有好处的。它是人体正常的新陈代谢，可以把杂质带出体外，还可以调节体温，是机体的一种体液调节。

青春期的学生正是爱美的时候，觉得汗臭味让人不喜欢自己，这种心态也是正常的。但是，不能为此就不去运动，人为地减少出汗或抑制出汗，这种做法是不科学的。下面给出几点减轻汗臭味的方法，以供参考。

（1）锻炼汗腺：专家指出锻炼汗腺对消除汗臭味有帮助。在闷热的时期，人坐在水温43℃～44℃的浴池里，腰部以下浸在水里，

10多分钟后，等汗液从胸、腹、背部流出后在洗澡，最后再喝些姜汤补充水分。

（2）勤洗澡，不让汗液在身上停留时间过长。汗液停留在身上就会滋生细菌，分解出难闻的气味，在运动后要及时洗澡，不让细菌滋生，就会减少汗臭味。

总之，只要我们多注意些个人卫生，不让细菌在身体上大量繁殖，汗臭就不会成为男孩的大困扰的。

## 青春期男孩如何“战痘”

李新最近总是一副战战兢兢的样子，满脸的不自信，连走路都要低着头，甚至说话的时候，也要用手遮着鼻梁，好像生怕做错了事情一般。班主任王老师察觉到这现象以后，起先只是疑惑，是否是青春期的孩子都愿意玩所谓的“低调”，试图模仿明星风范：头发长了，不愿剪掉，红着脸说，这发型帅气；上课不抬头，说是在“思考”；本来活泼风趣的孩子，突然在女生面前羞怯起来……王老师仔细回想，越发觉得这不可能仅仅是所谓的“明星效应”。

他找来李新的父母，与他们聊了一些日常发现的问题，希望父母在家多关注孩子这方面习惯形成的原因。

“他在家的时候也好像和从前不太一样，开始爱照镜子了。这男孩本来大大咧咧的，挺活泼，现在却变了一个人似的，不爱说话，答话也是含含糊糊，心不在焉。”李新的妈妈回忆他在家时的表现说道。

李新回家后，吃过饭，妈妈与他坐下谈心。和王老师一样迷惑的妈妈，也试图让孩子说出心事，却依旧落了个“无趣”的下场。多问上几句，孩子就烦躁不安起来，生怕秘密都被打听走了似的，匆匆搪塞了几句就回屋去了。

这接下来的几天，依旧是天天揣一个小镜子，不时偷偷瞄上几眼，干什么事情都低着头，成绩也不见起色。

妈妈想，孩子这么在意形象，是谈恋爱了吗？可是这也不应该与女生说话脸红啊……越来越迷惑的妈妈询问多次失败，终于留意到每天晚上孩子都会跑到卫生间里照镜子洗脸，便在一旁偷偷留意起来。终于有一天，她走到卫生间门口，李新正撩着额上留长了的头发，对着镜子涂药膏呢……

## 【爸爸给儿子的秘密话】

青春痘，虽然挂着“青春”的头衔，可相信不会有人喜欢它的到来。让人懊恼的是，青春期也恰恰是这些痘痘生长的黄金时段。

男孩在步入青春期以后，体内的荷尔蒙分泌急剧增多，会刺激体内毛发的增长，从而促进体内皮脂腺分泌更多的油脂，毛发和皮脂腺因此会堆积许多物质，使油脂和细菌附着，引发皮肤红肿，这也就是青春痘的出现。

青春痘的出现除了与青春期的生理特征有关外，青少年平时的生活环境和习惯也会对青春痘的出现产生影响。如果长时间生活不规律，经常熬夜导致睡眠不足，或是平时压力过大使得心情长期处于低谷，或是饮食习惯不好等情况都会加剧青春痘的生长。

虽然在很多时候并不能够完全控制青春痘的出现，但是还是有很多方法能够帮助男孩们正确应对。这里介绍一些“战痘秘招”，会对爱美的男孩们有所帮助。

（1）起床后、睡觉前清洗面部，保持脸部干净清爽，避免污物堵塞毛孔。

（2）喜欢长发飘飘的男孩子应该了解，长头发很容易披散到脸上，容易刺激皮肤从而引起痘痘的出现。

（3）没事的时候不要用手碰触脸部，即使已经长出了痘痘，也不要用手挤压，这样很容易引起皮肤化脓发炎，同时脓疮破溃后往往会形成疤痕和色素沉着，留下一些凹洞。

（4）养成健康的饮食习惯，对预防青春痘是有很大好处的。平时吃饭的时候，尽量挑选清淡的食物，多饮水，多吃蔬菜和水果。浓茶、咖啡、可可、巧克力等极容易激发油脂及内分泌不平衡，这样会刺激皮肤形成更严重的青春痘，平时尽量少接触这些食物。

（5）吸烟和酗酒的一个很坏的后果便是痘痘的频繁冒出，因此，男孩子可要加倍小心了。

（6）还有一点很重要，那就是每天保持良好的睡眠和愉快的心情。心情好了，痘痘也就不是回事了。其实痘痘也很有意思，如果你一直与它纠缠，它也就来劲了，会与你展开持久战。很多时候不妨选择轻视它，那么失去斗志的它可能在不久后就灰溜溜地消失了。

## 半夜醒来“小弟弟”怎么会“挺立”

小可晚上一向睡得很好，一觉睡到大天亮。昨天他睡前喝水喝多了，睡到半夜被尿憋醒，摸索着打开台灯，迷迷糊糊走去卫生间。

在打开卫生间的灯，小可在镜子里看到了古怪的现象，自己的“小弟弟”居然胀了起来，在内裤里支撑起了一个小帐篷。

这是怎么回事？小可回忆自己没有做性梦，也没有关于这方面的想法，那为什么自己的“小弟弟”会这样呢？小可厕所也不上了，赶紧回到自己的屋里，打开电脑，百度了起来。查过之后，他放下心来，原来这是很正常的生理现象，并没有什么值得大惊小怪的。

后来，小可和其他男孩子聊天的时候，发现其他男孩子也会有这样的情况，大家都说，有时候半夜迷迷糊糊的，会发现自己的“小弟弟”勃起了，不过过不了一会儿，就会软下去了。

青春期男孩都经历过这样的事情，这更让小可放心，自己是个身心健康的男孩，并没有什么可担心的。

### 【爸爸给儿子的秘密话】

男孩们在一起会谈论到话题就是“小弟弟”勃起的事，但是，一般都是在受到外界刺激，特别是性刺激时才会那样，为什么半夜醒来“小弟弟”也会勃起呢？

这是因为随着青春期的到来，男性的阴茎增大，逐渐发育成熟，在这时，由于性激素的大量分泌，会带来一些生理上的不平衡，同时也使男孩们心理上也发生变化。这个阶段，大多数男孩醒来会发现阴茎不自觉地硬邦邦的，想方设法让它变软都不行，他们就为这种现象感觉不安和内疚，以为这是不正常的，便生出很多烦恼，就连白天看女孩的眼神里也充满着歉疚。男孩们，专家认为青春期男孩每晚平均可勃起6次左右，每次勃起的时间可达20～30分钟，这是很正常的现象。

为什么阴茎会在半夜或醒来时勃起呢？这就得从我们的睡眠谈起，从我们躺到床上到入睡，来回不停地改变睡姿的时候，阴茎就会勃起，而通常我们一个晚上要周而复始地改变四五次睡姿，这也正是阴茎一晚要勃起好几次的原因所在。而在这四五次之外的时间，阴茎通常是缩小的、柔软的。这时发现阴茎勃起现象时，不必慌张，也不必刻意地控制，这是很正常的，往往在一段时间过后，它就会很自然地软下去。

从另一点来说，白天男孩所接触的东西也会刺激分泌雄性激素。青少年在心理、视觉、触觉等刺激下都可以迅速产生阴茎勃起，血中高水平的雄激素的作用使阴茎对上述刺激十分敏感，这种情况在睡眠的时候也会继续刺激男孩的大脑，从而触及到雄性激素，这时阴茎海绵体内的血液迅速增加到平时的很多倍，就会勃起。男孩控制外在的刺激，对青春期的健康是很重要的，比如，不看黄色的书刊和电影，和女孩保持适度的交往等。

半夜醒来阴茎会勃起，这是青春期正常的生理现象。青少年在成熟过程中要学会慢慢控制自己的好奇心理，正确对待自身的生理变化，慢慢适应这种反应，从而自己的身心都得到健康的发展。

## 遗精——男子汉成熟的标志

张老师正在讲台上滔滔不绝地向同学们讲述八国联军侵华的史实，同学们都被老师感染了，似乎回到了那个风雨飘摇的年代。张老师漫不经心地朝底下的座位瞟了一眼，却发现林扬有点心不在焉，完全没有在听讲。

“林扬，对于八国联军侵华，你有什么看法？”

很明显，林扬被张老师吓到了，他慌慌张张地站起来：“我认为，八国联军侵华……”吐出了这几个字，下面林扬不知道该怎么说了。

张老师很生气：“上课不好好听讲，你到底在想什么？坐下吧。”

课后，张老师将林扬在课堂上的表现告诉了班主任秦老师。秦老师也发现了，最近两个星期，林扬上课经常走神，脸色也不是很好，还经常称不舒服请假。秦老师几次关心地询问林扬是不是生病了，要不要去看医生，每次林扬都涨红了脸，连连摇头。秦老师觉得很奇怪，以前他可不是这样的，上课的时候很活跃，就是在课下，也经常和同学们打成一片。最近是怎么了？秦老师决定找林扬的父母谈谈。

林扬的父母跟老师说了一些林扬在家的反常表现：经常锁着房门不让父母进去，甚至还自己洗床单、被套，这在以前可是从来没有的。细心的爸爸似乎明白了什么，问妈妈：“你是否发现林扬有过遗精的现象呢？”妈妈愣了一下，不好意思地说：“上个月我给他叠被子时，发现床单上有块污渍，你刚好出差，我忘记和你说了。”

“那当时林扬怎么样？”爸爸又问。

“很不好意思，什么话也没说。唉，现在的孩子，才12岁，就……”妈妈觉得不可理解。

“那他锁门，洗被子是不是那次遗精以后的事情？”

在爸爸的追问下，林扬的妈妈才意识到儿子最近一段时间的异常表现：不太爱和父母说话，晚上睡得很晚，早晨很早就起来了。而且，也不让爸爸给他擦背了……

“儿子已经是个男子汉了，看来需要给他讲讲这方面的知识了。”爸爸笑着说。

爸爸的谈话对林扬来说非常重要。最近一段时间，他已经陷入了深深的自责之中，他为自己的行为感到很愧疚，有一种罪恶感，甚至，他觉得自己很下流……

## 【爸爸给儿子的秘密话】

通常而言，12岁以下的男孩子很少会遭遇到遗精的烦恼，因为遗精这样的现象往往发生在14岁以后。用科学的眼光看，遗精其实是一个正常的生理现象，指的是不经性交而精液自行泄出的现象，通常发生在睡梦中，当然，也可能是无梦而遗。

遗精现象可以分为两种情况，即生理性遗精和病理性遗精。如果遗精次数为一周两次或是更长时间一次，身体没有伴随任何不适症状，那么基本上属于生理性遗精。生理性遗精对身体没有任何损害，也不影响学习和生活。但是，如果遗精次数过于频繁，一周数次或是一夜数次，清醒状态下因为性意念而引发遗精，这样的遗精现象就属于病理性遗精，应该引起足够的重视并应该及时接受相应的治疗。

遗精不是什么不道德的事情，没有不要遮遮掩掩，更没有必要恐慌。在生理学家看来，遗精现象非但不是一件坏事，相反，它在某些方面对逐渐成长起来的男子汉来说还有不少好处呢。这主要表现在以下几个方面：

首先，遗精在某种程度上可以解除体内的性紧张，使得男孩在心理和生理上找到一些平衡，这一方面已经得到了医学界的普遍共识。这一点对男孩子性的成熟方面起着很重要的作用。

其次，遗精还有利于种族繁衍。这是因为精液周期性地排出能够提高精子的质量，也就是增强精子的生育能力。

最后，青春期的遗精现象还有助于男孩子的性别分辨和认同，遗精现象的发生正说明男孩子开始走向了成熟。

进入青春期后，对于发生在自己身上的新的状况要给予及时的关注，切不可随意听信他人的说法，也不要觉得遗精是多么见不得人的事情，相反，自己正伴随遗精而走进了青春的门槛，而行走在通往成熟的大道上。认识到了这一点，相信那个曾经阳光的你依然会自信地走下去。

# PART 2

# 青春迷惘期，你的心思爸爸最懂

——说给躁动不安的你

随着青春期的到来，男孩迎来了人生的转折，有许多惊喜不断出现，但是也会出现一些让自己烦恼的事情。这时的男孩成人感和独立意识渐渐成熟，总是想在自己的事情上自己做主，常常会与父母老师“对着干”。而此时自己的人生观、世界观还没有形成，遇到问题时又不知怎么处理，于是烦恼郁闷，内心时常产生没有来由的紧张、焦虑和不安。

儿子，请不要烦恼，这是青春综合征的表现。当你感到烦闷焦躁时，不妨将心理的一些话讲给爸爸听，让爸爸一起为你分忧解愁！

## 儿子，为什么总与父母对着干

从小就聪明伶俐的苏平，很听爸妈的话，是一个人见人爱的好孩子。可近来苏平变了，凡事总爱与父母顶嘴，自作主张，有时还偏要同父母“反其道而行之”。

例如，初中毕业后，爸妈为他选择了就近的一所重点高中作为报考志愿，而他偏挑选了一所离家较远的中学，他不是喜欢路远，而是有意同爸妈抬杠；苏平有鼻炎，父母为他买了滴鼻药水，他却有意把它扔了；父母问他考试成绩，他明明及格了，却偏说不及格；有一天气候突然变冷，苏平的母亲特意给他送去衣服，他竟当着同学们的面把衣服扔在寝室的地上；他爸爸平时工作忙，一有机会就想跟他聊聊，他却把他拒之于千里之外。这令苏平的父母十分焦急。

### 【爸爸给儿子的秘密话】

苏平的这些表现与逆反心理有关。

逆反心理，是指人们彼此之间为了维护自尊，而对对方的要求采取相反的态度和言行的一种心理状态。青少年常会“不受教”“不听话”，常与教育者“顶牛”“对着干”。这种以反常的心理状态来显示自己的“高明”“非凡”的行为，往往来自于“逆反心理”。

逆反的后果是严重的，它会导致青少年出现对人对事多疑、偏执、冷漠、不合群的病态性格，使之信念动摇、理想泯灭、意志衰退、工作消极、学习被动、生活萎靡等。逆反心理的进一步发展还可能向犯罪心理或病态心理转化。

面对心中生成的逆反心理，你可以尝试着用下面的方法去化解：作为学生、子女，要学着从积极的意义上去理解大人，父母的啰唆、老师的批评都是善意的。老师、父母也是人，也有正常人的喜怒哀乐，也会犯错误，也会误解人，你只要抱着宽容的态度去理解我们，也就不会逆反了。

要经常提醒自己虚心接受老师父母的教育，遇事要尽力克制自己，要知道，退一步海阔天空。另外，还要主动与我们接触，这样，多了一分沟通，也就多了一分理解。

你要提高心理上的适应能力，如多参加课外活动，在活动中发展兴趣，展现自我价值。

你应正确认识自己，努力升华自我。把自己作为教育对象，主动思考自己、设计自己，并自觉能动地以实际行动完善或造就自己。

## “我已经长大了，请让我自己做主”

期末考试成绩发下来了，大家都用佩服的眼光看向马进，因为这次的第一名又是他。有些同学小声议论着，说马进从上学开始，就一直是第一名。还有的说，他的智商可高了。马进坐在座位上翻着一本名人传记，对大家的注视和议论毫不理会，就像这些都很平常，本来就该这样。

马进很聪明，从初中到高中一直成绩很棒，老师们都很重视他。甚至有些老师对马进特别尽心，想重点培养这个让他们很得意的学生。可是马进对此并不上心，总是按照自己的方式做事情，甚至有时都不听老师的话，惹老师生气。这让同学老师们都觉得马进很高傲，不谦虚。

家长会的时候，班主任表扬了好多进步的同学，一次也没提到马进，这让马进的爸爸很纳闷。家长会快结束的时候，班主任把马进的爸爸和马进带到了自己的办公室。班主任说，马进是很聪明但是学习态度有些不端正。马进辩驳说："老师，我没有不端正，只是有自己的想法而已。我在课上看课外书，是想多了解其他的事情，再说老师讲的那些知识我早都会了，再听是浪费时间。我知道您和其他老师对我期望很高，可是我觉得我学习不是为了考个好大学，而是为了创造。有很多杰出的人都没上过大学。"

爸爸听完，看了看班主任，他们都明白马进有自己的理想了，这是值得高兴的事情，但是有些地方马进还不成熟，想法太偏激。老师走过去很耐心地说："马进，学习不光在课堂上，成功的人都是善于学习的，即使他们没有上过大学，但他们会利用各种机会学习，并尽量让周围的条件更有利于自己的学习与进步。而你现在是放弃自己的有利条件，让自己处于不利的状态，你明白吗，马进？"

马进有种豁然开朗的感觉："老师，我明白了，您说得对。今后我会更努力学习，不再任性好高骛远了。”爸爸和老师都欣慰地笑了：“真是孺子可教也。”

## 【爸爸给儿子的秘密话】

有一个热播的电视剧叫作《我的青春谁做主》，引起和很多青春期朋友的共鸣。一些青春期的男孩子也会发出自己的呼声：“我已经长大了，请让我自己做主。”这是青春成长期非常正常的现象，但是，我们得客观地对待这些青春期里的心理，才能找到更好的解决方式。

青春期的男孩子为什么会发出这样的呼声呢？一般来说，最直接的原因是来自父母过多的管制。青春期里的男孩子已经有主见了，他们要发出自己的声音，告诉周围的人，他也是个独立的人，所以，这些男孩子会想挣破束缚做自己。

但是，父母也有父母的考虑，并且一般都是站在男孩子角度上考虑的。他们不那么爽快地放手让男孩子自己做主，主要是因为不放心，这种不放心已成了一种习惯，从孩子出生时起就开始了。不看到男孩子真正成熟稳重了，父母是不放心的，自然会对他们管制得多一些。

男孩子呼唤自由是正常的现象，是一种成长的见证，但是，要在自己做好做足了准备的情况下去独立，不然会让父母不放心，也就无法放手给你自由。

# 你的“独立”还不是真的独立

妈妈在卧室里哭，不断地有抽泣声传来，可寒在自己的房间里听着断断续续的哭声，生自己的闷气。

妈妈是个过度保护的妈妈，从小没有让可寒摔过一个跟头，把可寒放在手心里怕掉了，含在嘴里怕化了。可是，现在可寒不再是那个经常愿意在妈妈怀里撒娇的三岁小孩了。他已经是个高中生了，是个不折不扣的男子汉了。妈妈却还要像以前照顾小孩子那样照顾他，要求他，控制他所有的饮食起居的细节。这让他很烦，今天因为出门和同学出去玩要穿哪件衣服的事情，跟妈妈产生了分歧。他愿意穿着夹克出门，但是妈妈觉得那件夹克不如自己想让他穿的那件好看，于是俩母子开始争论。最后，妈妈哭着说：“我辛辛苦苦地照顾你长这么大，你却这么不听话。”

这句话激起了可寒的愤怒：“你是把我养大，但是我是个人，我现在也是个男子汉了，你不要老用自己的要求把我的生活都搞乱好不好。我的事情我可以自己做主了。我喜欢什么样的衣服我知道。”

可寒的话当然也激起了妈妈的愤怒：“嗯，是，你长大了，翅膀硬了，就知道和妈妈顶嘴了。你这是什么态度？”

“我就是这态度，你管我管这么严，我一点自由都没有。什么都得按你说的做，我根本没有人格独立！”

“我管你还不是为了你好！”

两人争吵不休，去和同学一起玩的好心情全没了，可寒也不打算出门了。妈妈对他很好，从小就是。但是，他已经长大了，他想要独立了。为什么妈妈还是不肯给他自由呢？可寒也有了自己的小日记本，本子里写的都是自己的秘密，他不再像以前那样，有什么想法和什么故事都要第一时间和妈妈分享，现在他觉得自己已经长大了，不要妈妈那么密切地关注自己了。他最需要的是独立的空间，空间。没有空间他觉得都要喘不过气来了。

可寒头疼地想着原因和解决方式，他究竟该怎样才能独立？

## 【爸爸给儿子的秘密话】

每个人都渴望独立，独立应该是每一个走过青春期的少年所必须收获的财富。相信每个青春期男孩都有着与可寒同样的烦恼：究竟怎样才能独立呢？

独立不是目中无人的自高自大。试着去回想，你是否有过这样的经历？把父母的悉心劝告当成老掉牙的“旧皇历”而不屑一顾，把老师的谆谆教导当成“过眼烟云”而不加留意，把朋友们的善意帮助当成是一种恶意的嘲讽和鄙视，把自己的心事用一本带锁的日记本密封起来，把自己的房门加一把锁而营造一个属于自己的“独立空间”。这种看起来很“酷”的行为就被青春期的少男少女们当成了一种“独立”。

其实，当男孩在所谓的“独立空间”中荒废时光，当男孩因不听父母师长的劝告而犯下错误时，当男孩宁愿承受心事的重重纠结而不愿意倾诉给朋友和家长时，这正在说明男孩还没有长大，还没有成熟，还没有真正“独立”。

怎样才能实现真正的独立，是每一个青春期的少年必须要严肃思考的问题。

培养真正的独立能力至关重要，青春期的男孩可以尝试从以下几个途径着手：

首先，自觉地创造锻炼的机会。如果你现在生活在父母的溺爱中，除了要感谢他们的良苦用心，更重要的是要给他们提出建议，让他们认识到什么才是真正的“独立”和“独立”的重要性。

其次，从生活和学习中的点滴小事做起，不仅养成生活中的“独立”能力，更要培养“独立”的学习精神。同时要注意方法，循序渐进。要知道，拥有必要的独立意识，并不是说要不顾自身的实际情况，一味追求偏激的目标，更不能把任性和固执当成是一种“独立”，对待父母长辈的关心和教导不仅不能置之不理，而且要耐心听取，把他们的经验和阅历当成自己成长的“养分”。

另外，更重要的一点，学会“独立”的过程不可能是一蹴而就的，要从力所能及的事情做起，遇到力不从心的事情学会寻找帮助，不能盲目逞能。

青春期的男孩要相信自己，只要真的去努力了，就一定能成为一个独立、自信、自强的人。

## 你的自由，要给爸妈一点理由

这些天陆涛跟爸爸一直闹矛盾，两个人谁也不让步，陆涛觉得很委屈，就去找自己最喜欢的老师诉苦。

原来，陆涛十分喜欢轮滑，自己攒钱偷偷买了一双漂亮的轮滑鞋。陆涛暗里计划着，每天放学后去练一小时轮滑，争取下半年能参加轮滑赛。因为练轮滑，陆涛每次回家都很累，有时满头汗，有时累得都不吃晚饭就睡了。陆涛爸爸很纳闷，就在打扫房间时仔细找了找，结果就把那双陆涛舍不得穿的轮滑鞋翻到了。陆涛爸爸不但没收了鞋，还不准陆涛再去练习轮滑。陆涛为此跟爸爸闹矛盾了。陆涛觉得自己的事情自己可以安排好，自己喜欢做什么怎么做这是自己的自由，爸爸不应该干涉，何况自己做的又不是坏事情。陆涛讲完后，老师想了想说："陆涛，回家先跟爸爸道歉，不管怎么样跟爸爸闹矛盾是不对的，你这样做也不是解决问题的办法。跟爸爸好好说，争取爸爸的理解，这才是好的办法。"

陆涛回家跟爸爸坐下来好好谈了谈，最终爸爸答应了陆涛，不过每天不能练习太久，怕耽误学习。陆涛又开始了他的轮滑计划，而且得到了爸爸的支持。

## 【爸爸给儿子的秘密话】

也许，有些男孩子没有注意到，不知从什么时候起，自己不再是爸爸妈妈眼里的乖宝宝，开始有自己的想法，并强烈地要求付诸实施。其实，这些是男孩进入青春期后，渐渐出现的叛逆心理。为什么说是男孩子的叛逆心理呢，难道说爸妈就不存在对男孩管制过严的问题吗？当然不是。

专家说，青春期的叛逆意识突出表现在他们的独立意识。对于男孩子而言，这种情况更严重。一些男孩子渴望独立、得到认可，在没有完全认识到自己的实力的情况下，总想着一鸣惊人，总想着挣脱父母的束缚，寻找更宽更高的天空。所以，这些男孩子会自发地采取一些接近自己梦想的措施。但是，在父母眼里，男孩子很多做法是好高骛远不切实际的。此时，出于对他们的关心，父母就会出面阻止。这就出现了男孩子们认为的被剥脱自由的现象。

客观地说，父母有父母的想法，男孩子也有男孩子的想法，没有谁对谁错的问题，最主要的是缺乏沟通。如果，男孩子把自己的想法告诉父母，父母也静下心来听听他们的想法。在互相尊重的前提下，真诚的沟通就会减少很多抱怨。

“自由”是一个高贵的字眼，但是通往自由的道路不止一条，男孩子们能让爸妈放心自己，自己也舒心地获得自由，才是最好的选择。

## 代沟，需要你和父母共同填平

李进自从上了高中，渐渐发现和父母没有共同话题了。李进的父母只有初中学历，他说：“我老爸、老妈连怎么上网都不知道，居然以为电子邮件要到邮局去收。整天只知道叫我多吃点，多穿件衣服，我真遇到什么问题，比方学习上的，却一点都帮不上忙。我真不知要说他们什么好。”

而小壮说起和父母沟通的事情，就觉得很头疼，他一脸埋怨地说：“老妈太八卦了，我的什么事都要知道，经常打电话给老师不说，还成天向同学打探我的事，查看家里的电话记录，搞得我一点隐私都没有了。老妈这么有‘办法’，还需要我跟她说什么呢？”

随着年龄的增长和自我意识、独立意识的增强，很多孩子与父母之间经常会产生意见不一致的情况，对事物的看法也存在很多明显的分歧，甚至于出现极大的矛盾和隔阂，在不经意间出现抵触和反叛情绪，经常牢骚满腹、怨气冲天——

“我不爱和我爸妈讲话，他们什么也不懂，还整天啰啰唆唆的，真是烦死我了！”

“我和爸妈很难好好沟通，说不到两句话就会吵架！”

“妈妈不说话还好，若她说话我便会觉得很烦！”

## 【爸爸给儿子的秘密话】

其实父母是爱护你的，你也是尊敬父母的，可为什么还会出现以上这些情况呢？

如果我们静下心来仔细思考就会发现，问题主要在于男孩和父母之间太缺乏经常而有效的沟通了。人与人相处是需要沟通的，和父母也是一样，每天花一小时时间和我们聊天，足以拉近我们两代人之间的距离。

如果你能抽出点时间来理解父母，听听他们的想法，将会出现两种难以置信的结果：首先，你会得到父母更多的尊重。其次，你的想法和做法也就更有可能得到他们的理解和支持。如果他们认为你理解他们，也就愿意听听你的想法，也会更相信你。

尽管你感到自己长大了，已经有足够的能力自作主张，但实际上还有许多事情是你这个年龄无法把握的。而父母经历过的事情很多，可以给你不少宝贵的人生经验。

你可以尝试站在他们的立场，从他们的观点，而不是自己的观点出发考虑问题。当然，和父母聊天同样也要诚心诚意，投入一定的时间和精力，这也有助于你学会理解、体谅别人。

理解是双方面的，你既然要求父母理解自己：理解你的学习目标，理解你放松一下是为了更轻松地学习，理解友情可以增加快乐，理解一张一弛是文武之道，劳逸结合学习才有效果。同样的，你也应该理解父母：理解父母望子成龙心切，理解他们看到了将来的社会是一个高科技的信息社会，面对强烈的社会竞争他们要你提高竞争力的用心良苦。须知，天下的父母没有一个不巴望自己的儿女好的。所以，你要尽早抽个时间与父母交流，告诉他们你的实际感受，他们也会因此对自己的教育方式进行一些调整，你也不会再喘不过气来。

总之，当你与父母的观点与做法有分歧时，在要求父母理解尊重你时，你也要同父母进行心理换位，理解并尊重他们，这样才能加强两代人之间的沟通和理解，填平两代人之间的代沟。

## 不可泄露的秘密日记

小春有写日记的习惯，他把日记本锁在抽屉里，每天都把钥匙随身携带。妈妈几次开玩笑说要检查他的日记本，他都拒绝了。

青春期的男孩子很难管，小春的妈妈怕小春早恋，或者是学坏，她决定从日记本下手，看小春平时都想些什么。

可是小春把日记本锁得牢牢的，妈妈根本打不开那个抽屉。无奈之下，妈妈找到一个开锁的人，把小春的抽屉撬开了。

小春的日记很短，每篇都只是几句话。

“今天我发现自己长了胡楂，我已经是个男子汉了，我很高兴。”

“鹏鹏偷偷地抽他爸爸的烟，他还让我抽，我不抽，抽烟就不是好学生了。”

“我今天醒来，发现床单上湿漉漉的一片，我上过生理卫生课，我知道自己遗精了。我没敢告诉妈妈，怕她把我想成坏孩子。”

“妈妈总想偷看我的日记本，我不给她看，她越想看，其实，我这里没写什么，但是，我就是想有自己的一个秘密小天地。”

合上日记本，妈妈让修锁工按照原样把锁按上了，她要给儿子一个秘密的天地，让儿子拥有自己的秘密，健康地成长下去。

## 【爸爸给儿子的秘密话】

随着年龄的增长，孩子难免会需要自己的空间去保留不愿说的小秘密。这些秘密，也许只是青春期生理上的变化，也许只是发生在同学、家人之间的小事，或者是一些想法，一些心情。孩子们通常会将这些秘密写在自己的日记里。

对于孩子们来说，有意识去记录心情和生活是件好事。孩子用日记记录他们的心事，说明他们对此有自己的见解和看法，说明他们正在学会思考人生。孩子既然不想把心事统统说出来，实际上正是说明他们正在慢慢变成熟。

当发现桌子上多出一本带锁的日记本时，做父母的一般不会放在心上，通常也不会去翻看。不论孩子写这日记的目的是什么，父母都会对他们表现出信任。而小秘密，保留又何妨？谁没有点空间呢？只能说，孩子正在慢慢长大。

男孩子们写这日记，首先应该相信父母会对自己表示理解，并且坦诚地告诉他们，自己需要保留些小秘密。相互诚恳、理解，就能够避免发生矛盾或冲突。

## “请不要偷看我的日记”

平常吃晚饭的时候，沈骥总会把学校里的趣事讲给爸爸妈妈听，可是最近一段时间，沈骥总是急急忙忙吃完饭就回房间，直到睡觉再也不出来。妈妈很担心，不知道沈骥一个人躲在房间里做什么。有时问沈骥，沈骥也不说，问多了，沈骥会不耐烦地说：“什么也没干，做作业呢。”连续好多天都是这样子，沈妈妈就耐不住性子了。

这天，等到沈骥去上学，沈妈妈打开沈骥房间的门看了看，也没发现什么不妥的地方。刚要带上门的时候，沈妈妈迟疑了一下，她想了想就又走进房间，拉开了沈骥床头书桌的抽屉，沈骥的日记本平常都会放在这个抽屉里。沈妈妈从抽屉的底层拿出笔记本，翻了翻，也没看到什么特别的事情。翻到最近的几页时，沈妈妈明白了。原来最近这几天沈骥一直在帮班级设计一个公益网页，他想等设计好以后再告诉爸爸妈妈，给他们一个惊喜。沈妈妈看后终于放了心，高高兴兴地离开了沈骥的房间。

晚饭后，沈骥照常回房间，可是没一会儿，沈骥就气冲冲的拿着日记本出来了：“爸妈，你们翻我东西了，是不是偷看我日记了？”

沈妈妈赶紧说：“没有，我进去打扫房间了。”“还没有！我日记里夹的资料都变位置了，还说没有？”

沈爸爸看看沈妈妈，赶紧跟沈骥说：“沈骥，不能跟妈妈那样说话。你最近什么也不跟爸爸妈妈说，吃完饭就回房间，这让爸爸妈妈很担心。你妈妈的做法不对，但是是因为关心你。”沈骥没说什么，气呼呼地回房间了。过了几天，沈骥的网页设计很成功，学校发给沈骥一个证书作为奖励，可是妈妈已经知道这事儿了，沈骥觉得很没意思。回家后，把证书拿给爸爸妈妈看，爸爸妈妈高兴得不得了。沈骥有些不明白，问：“你们都已经知道了，还那么高兴。”爸爸说：“当然高兴啦，只要是你努力取得的成绩，爸爸妈妈不管提前知不知道都会很高兴。你妈妈看你的日记不是为了知道你在做什么，她只是担心你的安全，想好好保护你，不让你受伤害。不能再生妈妈的气了，知道吗？”沈骥听了点点头：“妈妈，对不起，我不应该跟你发脾气。”妈妈听了幸福得一把把沈骥抱进了怀里。

## 【爸爸给儿子的秘密话】

青春期是人生中最美好的时期，有人把它比喻为花季。在如花的青春期里，青春期的男孩子就会面对着自己的身体和心里的一些微妙的变化。他们会有自己的心事，会找个倾听的对象，所以，记日记是非常普遍的事情。但是，日记也给他们带来了烦恼，就是那些细密的心事都写进了去，却找不到安全的地方放置它，因为，总有一些好奇心强的同学或父母想窥探他们的小秘密。

每个人都有他的隐私权，但是有时我们的小秘密还是会被窥视。这成了困扰很多青春期男孩子的问题，因为碍于是自己身边的人，又不能轻易破坏彼此之间的感情。毕竟，有时候，父母还是出于对青春期男孩的关心。

到底该怎样调节这样的关系呢？一些青春期的男孩子发出了“请不要偷看我的日记”的呼声。专家认为，之所以出现这种日记被偷看的情况，是人与人之间缺乏沟通的原因。如果，青春期的男孩子把自己的心事告诉了父母和朋友，他们也没有必要翻看男孩子的日子了；如果，父母和朋友少一些好奇心，多一些对男孩子的尊重，也就不会偷看他们的日记了。

总之，人与人之间亲密无间的交流是非常重要的，这样会减少类似的侵犯隐私的事情。

## 把心里的悄悄话说给爸妈听

“为什么和女生说话就脸红？”

“我收到一张情人卡，该怎么办？”

“我的梦里竟然出现了性？”

“为什么我不敢正视她的眼睛？”

“我喜欢和她说话，喜欢听她笑，喜欢盯着她看，我是不是喜欢上她了？”

“妈妈一定又偷看了我的日记！”

摆脱了对成年人的“依赖期”，走进了青春期，小东的生命之船仿佛驶向了一段没有航标的激流中，他遇到种种迷茫、困惑、烦恼……各种各样的难题都纠结在远远没有成熟的青涩心灵中。

青春期是成长中最重要的转折点，从一个懵懂无知的顽童成长为一个成熟理性的青年，自然会遇到各种困难，于是一系列的青春期“疑惑”就摆在了小东的面前。偏偏青春期也是成长中的“叛逆期”，青春期的孩子们都有着强烈的反叛情绪，敏感而且执着地守护着自己的“隐私”，童年时对父母的信任和理解渐渐变成了敌对和误解，小东自然不肯与父母老师交流。与同学交流也是很难的，“年相若，道相似”，因为你不明白的他也不明白。

所以，有了心事，有了烦恼，有了困惑，即使心中再纠结，小东也不会主动与别人交流。心中的悄悄话，只能一个人写进带锁的日记本。

## 【爸爸给儿子的秘密话】

很多青春期男孩像小东这么大的时候，常常能从同学那里听到“知音少，弦断有谁听”的感叹。我们始终相信每一颗处于青春期“焦虑”中的心灵都是渴望倾诉的，也相信每一个孩子都渴望找到一个可以与之沟通交流的对象。

为什么不试试对父母敞开心扉，心平气和地与父母进行沟通呢？要知道，沟通是人与人之间信息交流、解决难题的重要方式，家庭的沟通更是重要而频繁。将心比心，这是人与人之间交流沟通的“捷径”，你与父母的交流也是这样的。试着将心里的悄悄话说出来，试着去理解父母，试着去体谅父母，试着去了解父母的想法，试着和父母交朋友，试着把父母看成是最亲密、最值得信任、最有能力帮助自己解决困惑的好朋友吧。

对于那些“开不了口”的，“不方便说的”悄悄话，可以主动寻找交流的机会，换一种巧妙的交流方式。例如，在吃饭的时间找一些话题和爸妈聊聊，回家后将学校里的新鲜事说说，与爸妈亲近些的身体语言也是很好的沟通方式，信笺、电话、短信、甚至QQ都是很好的交流工具。

把悄悄话说给爸爸妈妈听，常和爸爸妈妈谈谈心，不久以后你就会发现，这是一件很有乐趣的事情。

# 烦人的青春期焦虑症

“王恒，全市数学竞赛，老师已经帮你报名了，这个周六要记得去参加。”数学老师和蔼的笑容中透出了期待。

“嗯，谢谢老师，我一定争取好成绩。”王恒嘴上这么说，其实心里别提有多郁闷了，因为他还要准备一场朗诵比赛。

晚上12点了，爸爸妈妈都已经睡觉了，王恒却在灯下苦苦进行“题海战术”。外面施工的声音隆隆不绝，恰巧这个题目无论如何就是想不出来。他一时气不打一处来，紧皱了眉头，咬着笔杆，抓着头发……终于忍不住了，把手中的笔使劲儿地摔在桌子上。

心里突然产生了强烈的怨恨：都怪老师不好，一点都不体谅我们这些做学生的，交代给我这么多事情，叫我做得完吗？外面的人也太缺德了，这都晚上几点了，还制造这么大的噪音，还让人休息吗？讨厌！还有，爸爸妈妈也是，根本就不应该把我送进这所学校里面来。总之……一切都很令人生厌！

过了半个小时，终于安静下来了，外面也不吵了，王恒洗洗脸，准备清爽一下再重新想想这道做不出来的题目，可是，墙上的钟表一直“滴答滴答”响个不停，烦人！

这个钟表的响声也太大了啊！扰乱了王恒的思路，真讨厌。算了，还是去睡觉吧。

关上了台灯，躺到自己的小床上睡觉，可是无论怎样就是睡不着。王恒翻来覆去，很长时间过去了还是睡不着，于是就使劲儿地踢被子，床上发出“嘎吱嘎吱”的声音。

半夜的时候，妈妈醒过一次，顺路来到王恒的房间看看他。其实这时他还没有睡着，看到妈妈来了，他不禁带着哭腔说：“妈妈，我睡不着啊，难受死了。”

妈妈看到他这个样子，温和地拍拍我：“小恒，恢复平静的情绪，你很快就可以睡着了。”

王恒暴躁的脾气停了下来，和妈妈说：“我要准备朗诵比赛，还要准备数学竞赛，这个周末还有考试，每天作业又这么多，想起来就觉得头都炸了啊。”

“嗯，妈妈知道小恒很辛苦，不过事情要一件一件来处理，我们只要尽力了，就不要去想结果，抱着这样的态度，最后的效果可能会更好些的。如果你听妈妈的话，就先冷静下来，不想这些事情，只管好好睡觉，明天早上起来我们一起制订一个合理的学习计划，好不好？”

妈妈的话就像一颗定心丸，王恒一下感觉放松了许多，真的不一会儿就睡着了。

## 【爸爸给儿子的秘密话】

青春期是焦虑症的易发期，由于在这个时期个体的发育加快，身心变化处于一个转折点。随着第二性征的出现，可能有些男孩对自己的体态、生理和心理等方面的变化，会产生一种神秘感，甚至不知所措。好奇和不理解往往会出现恐惧、紧张、羞涩、孤独，引起自卑和烦恼，还可能伴发头晕头痛、失眠多梦、眩晕无力、口干厌食、心慌气促、神经过敏、情绪不佳、体重下降和焦虑不安等症状。

青春期焦虑症可能会严重地危害青少年的身心健康，但是，你要相信自己能够战胜它。如果长期处于焦虑状态，会使神经衰弱，所以必须及时予以合理治疗。

首先要树立自信，相信自己能够战胜焦虑。自信是治疗青春期焦虑症的必要前提，即便是患病的男孩也要相信这并不可怕，而是要暗示自己树立信心，正确认识自己，相信自己有处理各种矛盾和复杂事情的能力，坚信通过治疗可以完全消除焦虑疾患。通过暗示，每天多一点自信，焦虑程度就会降低一点，同时又会使自己变得更自信。通过这种良性的循环就可以摆脱焦虑症的纠缠。

其次要学会自我精神放松。比如，去想象一下愉快的事情，这样可以缓解紧张的心情，从而使自己不再感到焦虑。

最后可以采用做一些其他有益的事情来转移注意力。如在胡思乱想、坐立不安、痛苦不堪时，可找一本有趣的能吸引人的书读，或从事自己喜爱的娱乐活动，或进行紧张的体力劳动和体育运动，以忘却焦虑和烦恼。

## 青春不迷惘，告别青春综合征

薛峰今年17岁了，是高中二年级的学生。现在的薛峰阳光、自信，已经成了班里的“模范生”，是同学们学习的榜样。

半年前，薛峰可不是这个样子的。他经常陷入无端的迷茫与痛苦中。他时常思考：要是考不上大学该怎么办呢？现在成绩这么差怎么可能考上大学呢？考不上大学，自己再待在学校还有什么价值呢？

他固执地认为自己是个不受欢迎的人，他总是对自己说："你个子那么矮，瘦得像豆芽菜，学习成绩又差，别人讨厌你都来不及，怎么会喜欢你呢？还是识趣点，离别人远些吧！"于是总是故意疏远同学。

薛峰还会无端地发脾气，流眼泪。有一次在课堂上因为回答不上来老师的问题，竟然当堂失声痛哭，同学们都惊呆了。虽然事后，薛峰感到很羞愧，可是当时不知道怎么回事，就是控制不了自己的眼泪。

那段时间，薛峰的状态本来就很不好，雪上加霜的是最疼爱他的奶奶病逝了。面对奶奶的离去，薛峰痛苦极了，怎么也不愿意相信亲爱的奶奶已经不在了。他固执地不让任何人动奶奶的东西，还把自己关在屋子里不吃不喝。

爸爸妈妈看到薛峰的表现十分担心，每天苦口婆心地开导他。在爸爸妈妈的帮助下，薛峰终于从奶奶离去的痛苦中走了出来。走出痛苦的薛峰一下子明白了很多。

他开始认识到，只有健康快乐地生活，认真努力地学习才是对奶奶最大的慰藉。他开始查找自己在功课方面的不足，积极向老师同学请教问题。

虽然自己不是最聪明的，但可以是最努力的。他坚信：有付出肯定就会有回报。从此之后，不管成绩多么差，薛峰都不会气馁，相反只会刺激他更努力地向前。似乎不再有什么挫折能够阻挡他前进的步伐。

现在的薛峰心态放松了，他开始积极地参加学校的活动，还和同学们创办了校报，参加了学校足球队。这些活动不仅锻炼了身体，还增强了与人沟通的能力，薛峰感受到了前所未有的与人交流的快乐。

现在遇到烦心事，薛峰再也不会憋在心里，自己钻牛角尖了。他会及时找老师家长沟通，及时发现问题，寻找解决的途径。

## 【爸爸给儿子的秘密话】

薛峰遇到的问题是青春发育中的常见问题。

青春期是人体生长发育的第二个高峰，生理上发生巨大变化，青少年在思想上往往难以承受，所以伴随许多心理上的变化。这些变化极端的就表现为“青春期综合征”。

青春期综合征是青少年特有的一种心理现象，是青少年在青春期因适应能力和心理防卫机制尚不成熟而出现的具有心理失调特征的心理异常，其表现是因人而异、各具特色的。在现实生活中，青春期综合征的主要表现是：

（1）苛求体貌。一些青少年对自己的容貌和衣着相当敏感，以至于过分挑剔；有些男孩会对客观存在的某一些“丑陋”，如体胖、肤黑、眼小、狐臭等忧心忡忡、烦恼不已，以致难以接受。

（2）自作多情。进入青春期后，随着性意识的发展，男孩对异性的言行举止过分敏感。他们常会把异性对自己的好感当作对自己的“倾心”，而把自己对异性的好感当作“爱情”，从而造成不必要的苦恼。

（3）情感危机。由于青春期男孩情绪波动大，自我控制能力不强，因而当他们在学习、交友、生活等方面出现重大波折时，很容易在极度失望和沮丧的情况下，做出莽撞之事。尽管青春期综合征不属于严重的心理异常的范畴，可其对青少年心理的良好发展和人格的健全却是十分有害的，如果不能迅速地走出这种心理误区，则有可能导致较为严重的心理障碍。

处在青春期的男孩，可从以下几方面来调节青春期综合征：

（1）努力控制自己的消极情绪，纠正自我评价的偏差。

（2）正确认识自己、接纳自己，保持心理健康。

（3）逐步增强应付各种难以预料的挫折的能力。

（4）扩大人际交往，积极参加各种有益活动，如打球、游泳、下棋等。

（5）多了解健康方面的知识，向师长、专家请教。

PART 3

# 青涩恋情，花季雨季自尊重

——说给情窦初开的你

青春，是人生最美丽的花季，但也会成为最恼人的雨季。哪个少男不怀春？爱情的种子在你们的心田悄悄萌芽，情窦初开，内心的情愫若隐若现。

只是，我的孩子，你要知道，早恋是一朵过早盛开的爱情之花，开得早，也容易谢得早。你还很不成熟，还不懂得爱情的真正意义，很容易在爱中受伤。但不论怎样，不论花季雨季，你都要自尊自重，不要做出出格的行为。相信你能明白这一点，在恋爱和学业之间做出明智的选择。

## 为什么一与女孩接近就脸红

“小明，把你的橡皮借我用一下。”同学涓涓向小明伸出手。

小明从铅笔盒里拿出橡皮，头也不抬地递给涓涓，涓涓用完后，对小明说：“小明，你这块橡皮真好看，借我用几天吧。”

“嗯，你用吧。”小明还是头也不抬，他的脸红得像个大苹果。

小明从小就这样，和女孩子说几句话就会脸红。

走在回家的路上，涓涓从后面跑了过来：“小明，咱们一起回家吧，我家就住在你家附近。”

小明点点头，也不说话，涓涓一路上滔滔不绝地讲着笑话，小明一句话也不说。快到家的时候，涓涓生气地拦住小明：“小明，我是不是得罪你了，你怎么老是不搭理我，我们不是好同学吗？”

小明慌乱地摇头：“没有，没有。”

涓涓生气地扭头就走：“你不爱和我玩，我还不和你玩呢，有什么了不起的，哼。”

小明很难过，他不是不爱和涓涓玩，只是他面对女孩子，总是不知道该怎么办才好。小明很苦恼。

## 【爸爸给儿子的秘密话】

青春期男孩们容易对异性产生好奇心，常常刻意接近女孩。但是也有的男孩，由于害羞、紧张，会对异性交往产生恐惧心理而引起误会。像故事中的涓涓，就因为小明的态度，而误认为小明对她抱有偏见，不爱搭理她。实际上，小明却是很清楚的，他对于涓涓其实丝毫不反感，只是克服不了自己内心的障碍而不自觉地与她远离。当误会发生的时候，也鼓不起勇气来说明真实情况。

这样的案例其实很常见。几乎每个班里都有几个羞赧的不敢跟女孩说话的男孩，一有女孩靠近就会红起脸来。

这种青春期“异性恐惧症”的产生，可能是因为男孩子与同龄的女孩接触太少，容易觉得不知所措；也可能是因为父母的传统教育，让他们觉得男孩女孩的关系很神秘复杂，冲不开内心的枷锁；更有些是怕出糗、被嘲笑、被无视，因而当他们与女孩相处时，即使不是出于恶意，也总是刻意保持距离。

对于这种状况，其实男孩们只要自然对待就可以了。刚开始可能羞于面对，无法自我克服，但是随着年龄增长，与异性的接触是难免的，慢慢便会愈加坦然地对待它。只要不刻意放大“异性恐惧症”的症状，就必定能够在逐渐的成长中去克服它。

## 青春花季，该不该与女孩一起玩

翼南是一个初二的男生，到了发育的年纪，身体开始如同抽枝的柳条一般迅速地伸展开来，原本在班级里坐最前排的位置，现在由于身高的原因，被排到了后排的座位。有了新的同桌，翼南也很开心，新同桌是个跟他一样高大的男孩，两人很快成了形影不离的好朋友。还有一个小女孩也经常出现在他们的身边。那个女孩是翼南以前的同桌，而且两家也在一个小区住，每天结伴上学、放学。

新同桌和女孩相处得也很好，课间的时候，那个女孩经常来后排玩，放学的时候也是三个人一起走，三个人成了无话不谈的好朋友。但是，班里的同学开始侧面地谈论起他们三个人的关系来。有的人说，女孩和翼南在谈恋爱，不过是拿着新同桌当幌子，好让老师们不怀疑他们；有的人说女孩和翼南的新同桌在谈恋爱，没准还是翼南牵线了呢。各种说法此起彼伏，也不断地传到翼南的耳朵里。本来他觉得三个人在一起属于很自然、很正常的事情，但是被大家这么一说，他也觉得怪怪的。班里的其他男生确实不太爱跟女同学们说话，他们三个看起来是有那么点张扬。

不能和女孩一起玩了吗？已经男女有别了？翼南的心里画起了问号。这样总跟那个女孩在一起玩，难免会产生一些风言风语。其实根本没有的事，让他们这么说来说去也好像成了真的。

翼南决定和女孩保持距离。于是，他自动疏离了和女孩的关系。那个新同桌的男生倒是没心没肺，依然和那个女孩一起玩。

看着两个昔日好友在一起依然那么快乐，翼南更加迷惑了，到底能不能和女孩玩呢？如果这样久了，我会喜欢她吗？翼南到底该怎么办？

## 【爸爸给儿子的秘密话】

小时候，男孩子女孩子在一起玩，两小无猜。随着年龄的增长，由于性生理的发展和逐渐成熟，男孩性意识开始觉醒。这时的男孩在异性面前或是表现为热情、兴奋，用种种方式表现自己；或是表现慌乱、羞怯和不知所措，面对这一切，许多青少年表现出极大的不安。科学研究告诉人们，青少年的这种变化都是青春期异性之间相互吸引的表现，是一种正常的心理变化。

到了一定的年龄，每个人都会产生与异性接近的欲望，这是人的一种情感需求，并不是病态，也并不可怕。因此，男孩应当放下羞怯的心理，主动、大方、自然地与女孩们交往。

但是，青少年毕竟处于一个较为特殊的人生阶段。一个人的价值观、世界观基本上是在这一阶段成熟起来的。在此阶段，人的身心发育还不够完善，情感认识还不够理性，情绪掌控还不够稳定，很容易因为一时冲动而酿下苦果。那么，刚刚步入人生花季的男孩应该怎么做呢？

与异性交往，很重要的一点是互相尊重和理解。男女之间在气质、性格、身体、爱好等方面往往有着较大差异，只有彼此互相尊重和理解，异性友谊才能维持和发展。

同时，不论男女，在交往过程中都不要过于随便。真正的异性朋友，自然可以堂堂正正地来往和接触。但毕竟有性别差异摆在那里，一举一动都要大方得体，不能过于随便，否则可能会伤害彼此和身边的其他人，有损友谊的巩固。

在交往的过程中要注意交往场所的选择。异性朋友单独相处时，要注意选择合适的场所，尽量不要在偏僻、昏暗处长谈。如果在房间里单独谈话，不要紧闭门窗，以免引起不必要的误会。

## 早恋，牵动家长和老师的心

小全是个开朗的男生，班级里无论男生还是女生，都喜欢和他一起玩儿。小全最近迷上了集邮，一到周末就跑去邮票市场。这天又是周末，他一大早就赶去邮票市场，在人头攒动的市场里，小全遇到了同班同学小丽。

原来小丽也是个集邮爱好者，两个人聊邮票，聊得很开心。从那天以后，两个人常相约去邮票市场，课间也相互交换邮票。渐渐地，同学之间传起了他们的绯闻，但小全不在乎，他光明磊落。

可是，有一天放学，班主任把小全叫进了办公室：“小全，听说你最近和小丽常在一起玩儿啊。”

小全知道老师的意思，他说：“老师，我知道您什么意思，但我们就真的只是好同学的关系而已。”

老师拍拍小全的肩膀：“老师没别的意思，就是提醒你，还是以学习为重。”

以后来，小丽也被叫到了办公室，之后，小丽总是有意无意地躲着小全，小全知道，小丽是怕同学们的风言风语，也怕老师说她。

但自己和小丽真的只是好朋友关系，为什么老师就是不肯相信他们，还要从中阻挠、干涉他们之间的友谊呢？

难道，男生和女生之间，就不能存在亲密无间的友谊吗？

## 【爸爸给儿子的秘密话】

青春期的男孩女孩，几乎无不面临着“早恋”的问题。这个“早恋”，尤其是父母、老师眼中的“早恋”，常常引起各种误会和曲解，也给男孩子们带来了不少的困扰。

像故事中所说的那样，青春期的孩子们常常要发问：男女之间就不能存在亲密的友谊吗？

当然，如果同样的情况，发生在其他的年龄段，也就不会存在这样那样的误解了。但是青春期的孩子们首先也应该理解父母、老师的心情。毕竟青春期是一个特殊的时期，男孩女孩们在荷尔蒙的作用下处于情感朦胧的时期，长辈的担心是情有可原的。况且，他们大多因担忧孩子的认知不够，担心早恋影响学习生活而进行阻挠，不论如何，初衷都是为了孩子。

但问题在于如何把握一个“度”的问题。当这种长辈的担忧和疑虑变成一种过分敏感的怀疑时，就不可避免地会出现一些凭空出现的“早恋”，正常的男女孩友情被无情地阻止且永恒地产生隔阂。这时，青春期男孩们就应该知道，在理解老师、家长的基础上，与他们进行说明和沟通也是必要的。当长辈们相信你是真正能够成熟地处理这个问题的时候，这样的事情也就不容易发生了。

## 把握友情与恋情的尺度

自从林雨和马莎莎相处熟悉之后，最近一段时间都是林雨和马莎莎一起回家。难怪青峰说："林雨，你这个重色轻友的家伙，把我们都彻底抛弃了。"而马莎莎在一旁高兴地笑着。

她跟林雨说："林雨，今天你能够晚点回家吗？我有好多题不会做，你能不能给我讲讲？"那天晚上，林雨一直给她讲题讲到了8点多钟。

从那以后，她经常要求林雨晚一点回家，为她讲两道题目。时间一长，林雨觉得有点恼火了。

林雨心里比较不高兴：为什么要凭空为她付出这么多呢？我自己有很多的事情要做啊！那些题目她如果上课好好听讲的话一定是可以做出来的，为什么一定要在课下耽误我的时间呢？难道我的时间不宝贵吗？难道因为她是我的好朋友就可以随便耽误我的时间吗？这样一想，林雨心里突然觉得很委屈。

难道她是为了利用我吗？还是她觉得我们是好朋友，就不和我太客气了？总之，林雨的心里很不爽！

那天，她又要让林雨晚点回家，林雨想了一下，告诉她："今天妈妈要我早点回家。"

她听了一愣，然后说道："你家里的事情很重要吗？"

林雨听了这句话开始心里冒火了：“难道只有你的事情重要吗？”说完之后，头也不回地走了。

在回家的路上，林雨郁闷坏了：为了她，我牺牲了很多自己的时间，却没有换来她的感谢，反而让她觉得自己为她做些事情是天经地义的。为什么我不为自己的利益多考虑考虑呢？

## 【爸爸给儿子的秘密话】

林雨和马莎莎交往时，由于没有把握好友情与爱情的尺度，使得马莎莎误认为他们两人之间的交往是恋情，最终导致了不愉快的结局。

青少年在与异性交往时，特别重要的一点是要分清友谊与爱情的界限。友谊和爱情之间既有联系又有区别。人们之间的爱情关系和友谊关系都是以彼此之间相互欣赏为基础的。友谊和爱情两者之间有严格的区别：

首先是内涵不同。友谊是同学或朋友间的一种平等的、诚挚的、亲密的、互相依赖的关系。而爱情则是一对男女之爱，并渴望对方成为自己终身伴侣的关系。

其次是对象不同。友谊是广泛的交往，而爱情则是在一对男女之间发生的。友谊可以通四海，朋友可以遍天下，人们可以和各种对象发展友谊。而在爱情世界里，却是男女之间的隐私之情，只能是真挚专一、忠贞不二，如果第三者加入，便产生嫉妒心理和排除异己的行为。

最后是要求不同。友谊关系中，主要承担道德义务。而爱情关系在双方缔结婚姻关系后，不仅承担道德义务，还要承担法律责任。异性朋友一定要注意，不要模糊两者的界限，否则不但失去友谊，还会失去爱情。

因此，男孩子与异性交往，要学会正确利用奇妙的“异性效应”，学会彼此欣赏和相互学习，同时要尽量把握好交往的尺度，让自己身边多一些朋友。

## 从单恋的幻影中走出来

那次和妈妈一起去参加一个夏令营，有一个小姐姐吸引了安可的注意。她在那个夏令营里面做志愿服务生，看上去清秀漂亮，温柔典雅。不知为什么，安可总是把她和小鹿联系在一起。

有一次，安可不经意闯入了这个夏令营的后房，看到她在那里准备中午的饭菜，当时吃了一惊：“原来你的工作就是负责日常的伙食啊。”安可很难想象这样一个相貌秀气的女孩为什么愿意把自己放到这样低微的位置上。

她却笑了笑对安可说：“我们是来这里参加学习，做什么工作不是学习呢？立下心来让自己做最基本的工作，才会真正树立服务社会的精神。”安可听她这样一讲，觉得有道理，心里更加尊敬和佩服她了。

以后，安可总是会抽时间特意跑到那里去看她在做什么，如果是集合的话，他也会努力希望能够从人群中找到她。有时看到她不忙了，他还会找机会和她一起聊聊天。

“我也在这里当志愿者，好不好？”安可问她。

“其实，只要你具有这样的精神，身在哪里都一样，真的。”她一脸真诚地对安可说。

“我很想留下来，能多学一些。”安可任性地对她说。

她看看安可：“等等，我找点东西给你。”说着，她去了一间小仓库，不一会儿又出来，她送给安可一本书。

“我找了半天，只剩下最后一本了，封皮有点破了，不过还好，里面还是新的，你拿回家去好好学习吧。”她把书递到了安可的手里。

从夏令营回来之后，安可经常会一个人默默地想念她，想起她清瘦的样子，想起她那张秀气的脸和在厨房里工作的辛苦，想起临走时她对自己的鼓励，想起了她的出语不凡……总之，安可总会想起她，总会在晚上睡不着的时候翻开她给自己的那本书。

## 【爸爸给儿子的秘密话】

我们都会做梦。男孩子小时候也许都梦想自己是一位英俊的王子，历尽千辛万苦，终于找到了自己心目中的公主，她美丽大方、温柔体贴，最喜欢的就是她那双会说话的大眼睛；女孩子小时候也许都梦想自己是一个美丽可爱的公主，等着白马王子来迎接自己，他英俊高大、机智幽默，你最喜欢的就是他深沉且略带忧郁的眼神。

之后，男孩和女孩都长大了，并在现实生活中寻找自己的公主和王子。当发现某个人的某种特质与自己梦中的理想对象相符时，就会对对方产生好感，也就是我们说的喜欢。可能你认为这就是爱，而实际上，这两者是有本质区别的。

喜欢是尊重对方，认为对方有其优点值得自己去尊重，且有好评，也认为对方的态度与自己相似。这就是喜欢的情感。而爱情则包含亲密的感情，关怀对方，和情绪上的依赖。由此可见许多人的爱情感觉，其实只是有浓烈的喜欢感觉而已。

仔细想一想，你对她的感情究竟是喜欢还是爱？不要把青春期所自然萌动的对异性的喜欢或好感与爱混为一谈。这是两种绝对不一样的感觉，是很不同的心理状态：喜欢就像一条小溪，清澈见底；爱则是一片汪洋，浩瀚无边。你需要用心去聆听，才能将二者分辨出来。如果不经过理性的思考，只是跟着感觉走，就会混淆二者，导致判断失误，以致自作多情，甚至自寻烦恼，耽误了青春和学业。

## 偷尝早恋禁果会埋葬青春

胡岩现在陷入深深的苦恼之中，他开始后悔自己当初的行为，他也不知道未来该怎么办。现在一切都乱如一团麻，他不知道头绪在哪里。这沉重的负担让他喘不上气来。女朋友左叶在他身边低声地哭泣，还在小声地询问胡岩，现在该怎么办。

一对高中生，陷入了一场麻烦之中。他们是早熟的孩子，高一的时候就开始谈恋爱，很快两人就偷尝禁果。但是，事情并不像他们道听途说来的那么妙不可言，除了生涩的疼痛之外，两人再没有任何快乐可言。

年轻无知的他们也不懂得采取安全措施，两个人偷尝禁果的两个月后，左叶忧心忡忡地告诉胡岩自己怀孕了。这对一对尚在高中的恋人来说，无疑是晴天霹雳。他们一下子陷入了慌乱中，到底该怎么办？

两人达成一致，不能告诉父母这件事情。这件事情如果让爸妈知道了，非打断他们的腿，但是肚子里的孩子还在一天天长大，左叶的情绪也越来越差，她只是跟家人说自己是学习压力大才这样的，但是跟胡岩在一起的时候，她就会拼命地问胡岩，到底该怎么办，到底该怎么办？都是你的错！

女孩的抱怨，让胡岩的心里搅成一团，太后悔当初的冲动了，如今这个恶果他自己一个人怎么承担？

## 【爸爸给儿子的秘密话】

随着年龄的增长，以及生理及性的逐渐发育成熟，青少年不同程度地对异性产生强烈的神秘感和好奇心理，并且时时有一种蠢蠢欲动的探索和尝试的愿望。他们容易激动，感情难以自控，行为容易冲动，很容易凭一时兴致而不计行为后果，做出一些越轨行为，偷尝早恋“禁果”，最终酿出苦果。

偷尝早恋“禁果”，会给自己、给学习、给家长带来一系列的危害。

偷尝“禁果”行为一旦出现，会让当事者羞于见人，担惊受怕，即使当时不觉得怎样，但日后给两人造成的挫折感、自卑感是无法用语言来形容的，对成年后感情生活的影响，往往也是难以弥补的。青春期正处于生长发育的阶段，偷尝“禁果”会给自己的身体健康造成伤害，影响身体的正常发育。偷尝“禁果”会使学习受到严重影响，造成精力分散，学习分心，学习成绩下滑，甚至因此中断学业。

青春期少男少女谈恋爱，可以说是在身心很不成熟、未来很不确定的情况下进行的。青少年的生活和经济来源主要寄托于父母，还没有独立生活和生存能力。因此，这种爱没有什么牢固的根基，很容易中途夭折。他们初入情网时往往信誓旦旦，甚至山盟海誓。但随着时间的流逝，他们走向社会后，阅历逐渐丰富，生活经验不断积累，渐渐地有了各自的世界观，也有了新的择偶标准。过去曾经倾心挚爱的人，可能因为性格的变化、志趣爱好的不同而难以在一起相处，两人之间的矛盾和裂痕开始出现。到那时，他们回顾年少时的那段“经历”，会觉得很荒唐，似乎是一场游戏，甚至后悔不已。为这种最终苦果多于甜果的“爱”，而耗去人生中最美好的青春时光，实在是一件可悲的事。

有位作家说过，早恋是一朵带刺的玫瑰，我们常常被它的芬芳所吸引，然而，一旦情不自禁地触摸，又常常被无情地刺伤。千万不要因为一时的冲动而后悔终生。

爱情是要承担责任的。爱情不仅意味着情感的交融，也意味着对异性伴侣、对家庭、对社会负责任和尽义务。对于正处于生长发育、心理性格等还很不成熟的青少年来说，还没有能力去面对一个家庭未来要承担的事。过早偷尝“禁果”，随之而来的种种问题会让自己措手不及、无力承担，让自己的青春付出沉重的代价。

青春期正是长身体、学知识的大好时光，男孩一定要认清早恋的利弊，更不要做出偷尝“禁果”的非常举动，要克制自己的感情，转移注意力，以学习为重。请摆正现在作为一个未成年的学生的态度吧，只有努力学习才可以决定你的未来的光明。

## 将那份美好的感情深藏在心底

学校的心理咨询室外面有个小小的信箱，有一天心理老师收到了这样的一封求助的信件：

在学校那个小天地里，我们所有的方面都会拿到竞争的天平上比个你输我赢才肯罢休。男孩子们的虚荣在各个方面都会不断膨胀，我们会在学习成绩上一较高下，也会在运动场上玩命奔跑，只为成为那个最受瞩目的人。

与女生交往，男生会觉得很有面子。而被女生追，被虚荣的男生们认为是一件特别荣耀的事情。

我就是这么一个虚荣的家伙。

我不知道爱情是什么，我也没有真的喜欢过哪个女生。我不能体会那种喜欢一个人的心情。但是班上有个文静的女生，有天突然找到我，说有话跟我说，我被她拉到操场。绕着操场转了一圈又一圈，她都不说话，好久之后，她才吞吞吐吐地告诉我，她喜欢我。她说运动会时候看见我受伤了还坚持，觉得我很坚强，后来就一直关注我。

我忘记了怎样结束了那次谈话。后来，她经常用精美的信纸给我写信。信的内容大部分都是柔软的文字，还有来自一个女孩子的关心之类的。我并没有特别的感觉，只是，被一个女生这么关注，感觉自然良好。

一次课间，我跟几个哥们吹嘘我如何受欢迎的时候，就说了这个女孩追我的事情，并且添油加醋地说她死缠着我不放。同伴们投来羡慕的目光的时候，她正好经过附近，我抬起头的时候，看到了她泛红的眼睛。

我后悔自己的吹嘘了。可是，大家都知道了她追我的事情。她再也没理我，在班里也更沉默了，听说班主任还找她谈话了。学期结束后，她就转学走了。我连道歉的机会都没有。

我现在很懊丧！

## 【爸爸给儿子的秘密话】

这位男孩的来信道出了他的苦恼。面对别人的喜欢，我们该怎么做呢？

虚荣心是无法回避的人性的阴暗面，每个人都有虚荣心，我们要时刻保持着警惕，不要让虚荣心轻易地表现出来。

拥有异性的爱慕，是可喜的事，因为这代表你有着某种吸引力，你会因为自己拥有这种魅力变得更加自信。根据一般人的心理，遇到让自己觉得骄傲兴奋的事情就喜欢与人分享，但是感情这种东西是不能分享的——对于爱慕你的人而言，这就是一种炫耀。

设身处地地为喜爱你的人想一想：我爱慕你，投入了纯真的情感，这种情感却被你当作炫耀的筹码。试问，这对爱慕你的人而言，是不是一种莫大的伤害？炫耀异性的爱慕，是自己不自信或不成熟的标志。把异性的爱慕变成提升自己身份的一个筹码，而不是真心地去对待这份感情，何尝不是一种残忍。

爱情，尤其别人对你的暗恋，应该放在心里，让它自然酝酿、生长，没必要拿出来炫耀。这种炫耀会伤害到对方，也有可能伤害到你自己。

在爱情问题上，人们往往比较敏感。本来在一段没有结果的感情面前，对方的感情已经非常脆弱了，你还要去炫耀，让对方肝肠寸断，遇上情绪容易激动的人，做出袭击、报复等疯狂的事情，后果无法想象。

所以，青春期的男孩一定要注意，不论是在什么情况下都不能炫耀异性对你的爱慕。请把这份美好的感情深埋在心底，你会保护一颗敏感而温柔的心，从某种程度上讲，也是保护了你自己。

## 被拒绝的爱一样美丽

付凌霄最近心情极度差，每天精神萎靡的样子，看起来就像是经受了重大打击的小老头，一点精神劲头都没有。最近学校也没有举行什么大的活动，也没有考试，他按说没理由遭受这么大的挫折吧。

哥们儿李翔发现了他的异常之处，一天放学的时候，李翔开门见山地问凌霄：“咋啦？最近好像是闷闷不乐？”

凌霄支支吾吾半天，也说不出啥原因。

李翔着急了："到底咋回事呀，你看你这郁郁寡欢的，有啥事把你愁成这样？"

凌霄看着搪塞不过去了，只好老实交代："我被拒绝了！"

"啥？怎么被拒绝了，你向哪个女生表白来着？"

凌霄不好意思地点头："是呀，我从来了3班之后，就发现那个叫白合的女生还蛮特别的，我就经常看她，发现她真漂亮，学习也好，人也安静，不像有些女生那么八婆！"说起了白合，凌霄眉飞色舞，精神气十足。

李翔乐了："你怎么跟人家说了？你打算追她？"

"当然了，我喜欢她，她要是能当我女朋友多好。但是没想到，她居然跟我说，我们还小，都不懂爱情，还是以后再说吧。"凌霄叹了口气，"我玉树临风的付大帅哥，就这样表白失败了……"

"现在，你们怎么样了？"

"她倒是没事，见了面跟没事人儿似的，还照样跟我打招呼。但是我觉得特难为情，都不好意思再跟她说话了。"

"人家都没事，你干吗跟自己过不去呀？"李翔实在不想看着哥们儿无精打采的样子，看着就难受。

"是，她是没事，但是我都向她表白了，而且被拒绝了。你说我见了她，心理能好受吗？你说，我能不难过吗？"凌霄还喃喃地重复着被拒绝这句话。

怎么才能帮哥们走出这个小阴影呢，李翔一时也没有什么好的办法。

## 【爸爸给儿子的秘密话】

爱情是美好的，如带刺的玫瑰，为了接近它，我们伤痕累累也在所不惜。可是你确信自己真的足够“强壮”，足以抵挡爱情给你带来一切不幸吗？特别是你的爱被对方拒绝的时候，你是否会从此萎靡不振呢？

不要如此，因为被拒绝的爱也是一样美丽。

有些男孩被女孩拒绝了会否定自己，觉得是自己不够优秀，所以才会遭到拒绝。遇到感情问题，内心的强大是最重要的。其实不仅是在感情上，在生活其他的方面，被拒绝是我们必然会经历的，如果我们每被拒绝一次，就否定自己一次，那我们很难找到真正成熟长大的自己。我们被拒绝，固然在某种程度上说明我们不够优秀，可是这是一个很好用来提高自己的机会。你认识到自己的不足，然后改正，就能变得更加优秀。

就拿被女孩拒绝这件事来说，你被拒绝后，也许需要更加注意自己的言行举止，需要更大地努力让自己有某方面的特长。当我们真正从一个很积极的角度去思考问题的时候，就会在一次次被拒绝中变得更加“强大”。只要有自信，对生活、学习不懈怠，愿意同更多的朋友交往，自有人欣赏你。

对于拒绝你的那个人，没必要去回避，更不要因此而恨她。你可以尝试着放开自己的心，让自己接触更多的人，这样她在你心中的分量会变得越来越小，也许你会发现有更好的选择。你还可以尝试着跟对方成为朋友，虽然无法收获爱情之果，但却可以赏到友谊之花。

## 老师好美！爱上异性老师怎么办

新来的语文老师姓慕容，第一节课的时候就向同学们做自我介绍："大家好，我就是慕容老师。"思嘉在下面接个下茬："老师你是慕容复的亲戚吗？"大家都看过《天龙八部》电视剧，全笑了。慕容老师也笑了，笑起来格外甜美。

慕容老师很漂亮，这可是全班同学一致公认的：她身材苗条，个子高高的，穿着天蓝色的连衣裙，样子非常清纯。连班上的女生都惊呼："哇！美女。"

这位慕容老师的脾气非常温和，站在讲台上，总是向大家微笑，她笑得那么自然、那么亲切，立刻拉近了她与同学之间的距离。

语文课上，她一遍一遍地给大家讲解问题、朗读课文，她柔和的嗓音，实在令人着迷。之前思嘉对语文课从没有兴趣，所以在做练习的时候笨手笨脚的，慕容老师耐心地帮助他纠正错误。

以后的课余时间，这位慕容老师经常成为全班男生的谈论话题："慕容老师的气质，就像是《天龙八部》里的王语嫣。""她也有点像是阿珠。"同学们说什么的都有。

"不过在我的心中，慕容老师就是慕容老师，即便是王语嫣还是阿珠，都比不上我们慕容老师啊！"思嘉认真地说道。

思嘉的伙伴们早就发现思嘉特别喜欢谈论慕容老师，问他：“思嘉，你是不是喜欢慕容老师？”

“你们不也很喜欢吗？我只是和你们一样的喜欢而已。”虽然思嘉的口头上没有承认，但是在心里已经肯定了，慕容老师的一切在思嘉的眼里都是那样的完美。只是思嘉不知道慕容老师是否也同样喜欢自己呢？

## 【爸爸给儿子的秘密话】

青春期男孩对年轻、有气质的异性老师产生爱慕之情，这是可以理解的，她也许是第一个闯入你心房的具有很大吸引力的年轻女子，与周围的女同学相比她肯定要出色很多。你对她产生好感，是十分正常的心理现象。

然而，坦率地讲，男孩的这种爱慕之情并不一定是真正的爱情，换句话说，这只是一种对异性，尤其是对优秀异性的一种朦胧的好感，在这一个年龄段的青春期男孩，常常表现出既成熟又幼稚，既清醒又迷糊，既狂热又消沉的矛盾心理，并开始把目光更多地集中在异性的身上，憧憬着梦幻般甜美的爱情生活。但是，这时候的你对于什么是真正的爱情却知之甚少。

爱情是双向的感情投入，爱情不能仅凭感情，还要有思想、道德、学识、性格、气质、习惯，甚至家庭影响等很多方面的考虑，而且需要处理很复杂的人际关系。作为一个学生，你现在能驾驭这么多吗？

所以，最明智的选择是及时控制自己的感情，不妨先将这段美好的感情沉积在心底，等你长大之后，随着你眼界的开阔、知识的增长，你会渐渐走向成熟，你会把这段美好的感情作为人生一段珍贵的回忆。

## 爱，等你真正长大了才说出口

杨崇山终于下定决心要和女友赵文文“一刀两断”了——不过在下这个决定之前的过程是多么的痛苦，只有杨崇山一个人知道。

杨崇山想，让两个人都来真诚地面对这一切吧。杨崇山把自己的想法，原原本本地交代给赵文文听，相信她是会理解的。此时最好的方法也只有快刀斩乱麻了，长痛不如短痛，就这样吧。

晚上，杨崇山没有一丝睡意，给赵文文写了一封很真诚的信：

赵文文：我很高兴和你一起度过一段快乐难忘的时光，它将成为我一生中最美丽的经历，我会把它珍藏到永久。只是，我们现在还都是学生，老师寄予我们希望，父母也对我们抱有厚望，我不想辜负他们。和你在一起的日子很快乐，但是我却迷失了自己，我很想重新回到以前，专心地学习，实现我最后的理想。赵文文，我只是想说，你是一个很好的女孩，我想和你分开并不是你的原因，只是我很难将自己的精力集中，所以请你不要误会。同时也希望你也能好好学习，努力向上，争取好的成绩吧。

放下笔，杨崇山长长地舒了一口气。每个人的一生，都有自己要做的事，自己并不是为了一个赵文文而活，而是要为自己的将来而努力，应该是这样吧。

杨崇山很想好好祝贺一下自己，终于知道什么对自己才是最重要的。

## 【爸爸给儿子的秘密话】

很多男孩会常把一句话挂在嘴边“只要我喜欢有什么不可以”，我是我自己，父母说左我就要说右！父母说黑我就要说白！父母说我错，我就要错！在此种情怀与逻辑推理中，只要男女相爱，永结同心，海誓山盟，在一起有何不可？殊不知，年轻的心是飞扬的心，同时也是脆弱的心，容易受到伤害，而影响一生的发展。

因为交异性朋友就牵涉“做决定”与“负责任”的问题，什么时候做决定较恰当？什么时候做决定较完美？什么时候交异性朋友较理想？这些都是必须深入去考虑的问题，在身心尚未发展成熟时就交异性朋友，不但对自己的成长没有帮助，相对地会影响并阻碍学习、交际、身心等各方面的发展。

在你想要迈出恋爱的那一步时，你需要进行慎重的考虑，除了考虑自己也要顾虑他人，我如此做对自己、对她、对亲人有无影响？行为的后果如果损己利人或是对大家都有损害等都应该慎重考虑。而当此时，我们更要弄清楚：我真的爱她吗？难道不是一时冲动吗？我现在还小，以后会不会出现什么变化？

重要的是，此时的我们通常无法为自己做的决定负责，必须由父母或他人来承担后果，一时的激情必须以终生的幸福作为赌注。因此，喜欢一个女孩要等她长大，也要等自己长大，长大以后再说爱。

早晚有一天，你会长大，你会发展，你会走出现在小小的生活圈子，你会遇见更多的人，也许那个最适合你的人仍在远方，需要你长大以后才能与她相识、相恋。

PART 4

# 学习的黄金时代，你在为自己读书

——说给孜孜求学的你

青春，人生最美好的年华。青春，读书的最好时光。

儿子，你要懂得：只有学习，你才能提升自己的素养和能力；只有学习，你才能在未来社会中立好身，找到自己最理想的工作和职业；只有学习，你才能体验梦想实现的成就感；只有学习，你才能有更敏锐的触角去体验生命的喜悦与快乐。

今日是莘莘学子，明天是社会栋梁。青春期努力学习的知识，将使你在未来的工作和事业中大显身手，为你的梦想插上腾飞的翅膀！

## 学习压力大，常常想逃学

陈铭从小是一个优秀的学生。升高中时，他如愿进入了年级最好的班级。大家实力都强，让陈铭突然觉得自己没有优势了。

一个优秀的学生大多都是被老师“捧”大的，一个班级参差不齐，需要一个人作为榜样，优生们便认为被表扬是件理所当然的事情了。陈铭就是这样的一个优生，习惯了高处的优越感，突然来到这个“强手如云”的班级里，第一次考试，全班50人他考了23名——“中等生”，这个自己定义的名号瞬间就把他压垮了。

陈铭当然知道，没有人可以一直站在峰顶俯瞰，但是这落差未免有点大吧？经历了第一次考试，他大受打击，立志要在下次考试中迅速回到优等生的行列。但是从班级中游突然到尖子行列哪有那么容易啊。当陈铭发现每天的课堂上别人会的答案他都没有做出来，别人用20分钟写的作文他要写40分钟，他渐渐觉得这压力让他喘不过气来。

第二次考试，不出意料，25名。优等没进，反倒成了中下等生，怎么办？陈铭每天被这成绩困扰得吃不好睡不香，老师也有他们“捧”的优等生了，身为中下游的一个学生他简直像个不知名的“群众演员”。压力越来越大，信心也没了，陈铭甚至萌生了逃学的念头……

## 【爸爸给儿子的秘密话】

在当前应试教育的环境下，学习压力是每一个青春期孩子都要面对的问题。学习课程多，而学习时间又紧张，要在短时间内学好、消化、掌握书中的知识，就要全力以赴，抓紧一切可用的时间学习，学习压力是不可避免的。

那么，青春期男孩面对学习上的压力，该如何来排解呢?

（1）用正确的心态去看待这些压力。如果你真的把压力看成压力，那么，你离掉队的时刻也就不远了。就像有些青少年因为承受不了这种压力，便自暴自弃，终日沉浸在苦恼的深渊，结果成绩如坐滑梯一样，越滑越低。而如果你能够以轻松的心态看待压力，就会化压力为动力，更加积极向上，勤奋刻苦，最终硕果累累。

（2）带着愉快的心情学习。真正的学习是快乐的，它不仅是指学有所获以及学会某事的成就感，而且还指学习过程本身是令人感到快乐的。因此，青少年应确立学习是快乐的信念，应带着喜悦的期盼开始学习，而学习结束时应感到意犹未尽、恋恋不舍。快乐地学习能够使整个学习过程都变得津津有味，充满乐趣，让我们越学越想学，并乐此不疲。

（3）有规划地学习。没有规划，一团乱麻，连自己掌握哪些，没掌握哪些，都不能区分开来，这会导致大量的无效学习，并造成畏难情绪，进而生出种种烦恼。青少年在学习上只有看到自己该学些什么，能学些什么，理出一条脉络来，那就能做到学习有条不紊，应对自如。

（4）不断给予自己肯定和鼓励。青少年在学习时要把目光盯住那些积极的东西，要能够看到自己的进步，并认为，这就是自己的成功。

（5）劳逸结合。青少年绝不能一天到晚泡在书堆里，那样只会让自己头昏脑涨，压力也会更大。

## 儿子，读书是为了你自己

刘晗从小在赞扬声里长大。他的爸爸妈妈都是老师，自然对他的要求也非常严格，从小就给他灌输了一定要好好学习的思想，也一直给他提供学习上的指导。如今的刘晗，是一个人群中的佼佼者，一提到2班，一定少不了他的名字。优异的成绩、得体的举止、自如的谈吐……但人们看不到的是他被要求读的书目、做的习题、参加的各种比赛。在这样的家庭教育下，刘晗无形中承受了很大的压力。如今，他回顾以前父母的严格要求，还禁不住要小小地抱怨一番：“我小时候是没有太多的游戏的，大多的节假日都与爸爸妈妈一同度过：做做奥数题、看看课外书、听听英语磁带，出去玩也是跟爸爸妈妈一起的，回家后就要写作文……”他耸耸肩，“也有一段时间，我特别不听话，大概因为太烦躁了吧，就是想玩，想放松，但是爸爸妈妈不允许。”

小孩爱玩的天性是抹不掉的，刘晗确实有一段时间沉迷于游戏，偷偷溜出去跟小伙伴玩过，甚至怨恨父母对他太过于严苛。

“当时，我彻底厌倦了爸妈对我的种种要求，比如不能再路上吃东西，比如不能在吃饭的时候说话……因为我看到其他的小朋友都可以做这些事情呀，我就觉得我的爸爸妈妈简直像魔鬼一样，哈哈。”如今当成笑谈，但当时的情景完全是不难想象的。“但是现在我是真的很感激我的爸爸妈妈的，”刘晗很真诚地说道，“等到尝到成功的喜悦，才由衷地觉得，爸爸妈妈是多么好的父母亲，如果没有他们的严格要求，一定是没有现在的我。”

## 【爸爸给儿子的秘密话】

父母老师经常会对孩子说：读书是为了自己。但是有时，男孩们觉得事实不是这样，成绩并不完全和自己的感受挂钩，成绩好的同学可能并不快乐，成绩不好的同学有时却能开心生活，放松交友，在同学之间很受欢迎。

从目前来讲，我们学习的短期目的似乎只是让大考小考顺利拿高分，满足父母和老师的期待，让他们展露欢颜，当我们的成绩下滑时，最担心的也莫过于无法向他们交代。这让我们的心里产生了一种错觉：好像学习并没有为我们自己带来真正的好处，只是为了父母师长的要求才不得已而学的。毕竟三角函数和细胞结构图对于我们目前的生活和幸福指数之间，找不到任何关联。

但是静下心来想一想，父母师长无疑是非常爱我们的，难道他们会任由我们为了一件毫无意义的事而浪费生命吗？绝对不会，他们已经走过了几十年的人生，他们经历过于我们一样迷茫懵懂厌恶学习的时期，也体会过知识储备的不足所导致的惨痛代价，体验过知识为自己带来的喜悦、光荣和成功。走过这段蹒跚的道路，他们经过分析和总结，发现了一个道理：虽然学习知识的过程也许有些累和枯燥，但是它的结果绝对是甜蜜的。没有苦痛和艰难的努力就没有成长，没有日后的成功。如果与让孩子一生目不识丁，在社会上步履维艰来比较，父母们宁愿选择让他们现在痛苦。

所以，我们必须明白，无论一个人是为了祖国而学习，还是为了父母而学习，学习的直接受益者都是自己。

## 青春好年华，读书正当时

吴锦鹏很讨厌学习，他总是对知识抱有成见，虽然也每天上学，但是他心里觉得自己对知识的敌视态度总是抹不去。他希望自己能够驰骋江湖，他希望自己能够做行侠仗义的大侠，但是他却不愿意学习，不愿意去打开知识的宝库，他讨厌那么多繁复的理论，还有那些让他晕头转向的知识。

不过锦鹏很喜欢上网，他上网聊天，有时候会加入一些网络的俱乐部还有一些有主题的群。在那些群里有个叫“和知识交朋友”的群，每天都有人在群里发布一些小知识，内容涉及方方面面，他很喜欢那上面分享的一些材料。从那个群组里，他也开始渐渐放弃了自己对知识的敌对态度，他开始喜欢分享那些小故事，那些小常识，还有一些平时里能用到的知识点，有些也很有科学的味道，比如对宇宙的探讨呀，对地质时期的分类呀。

锦鹏了解了这些之后，他突然发现，在现实生活中，这些知识都可以用到。而且和同学们谈论起这些问题的时候，他发现，很多他看起来司空见惯的事情，好多同学都不知道是什么原理，原来都是这个群组分享的那些知识帮助他开阔了视野。

他开始喜欢科学知识了，他了解到的知识让他在生活中处处得力，而且这些让他可以正确地看待很多事情。他也不再盲目地追星了，开始静下心来去读书。

锦鹏知道，在知识的海洋里，他才能找到属于自己的宝藏。

## 【爸爸给儿子的秘密话】

青春期是人一生中精力最旺盛、思维最活跃的时期，也是人一生中最宝贵的学习时期。如果在这一时期不珍惜时光，努力学习，而将心思放在消遣玩耍上，就会错过大好时光，给自己留下终生的遗憾，留下“少壮不努力，老大徒伤悲”的悲叹。

在青春期，要珍惜每一寸光阴，抓紧时间学习，学习各种文化知识。知识，是一架帮助你登上高峰的梯子，是一位指导你走上人生道路的良师益友，是一座指引你未来命运方向的灯塔，是一把帮你解开人生难题的钥匙，是让你受益一生的宝贵财富。

学习之于生命的意义，如同呼吸之于身体一样。呼吸让身体获得氧气和活力，学习则使精神更为充实和健全。没有学习，就没有成长，就没有进步，就没有未来，就没有成功。

高尔基曾经告诫青少年：“世界上没有再比青春更美好的了，

没有再比青春更珍贵的了！”“青春是有限的，智慧是无穷的，趁短的青春，去学习无穷的智慧。”青春是美丽的，又是短暂易逝的。青春期的男孩，从现在开始你必须更加刻苦勤奋地学习，现在是知识信息爆炸的时代，你只有不断地学习，才能在今天这个社会有立足之地。

机不可失，时不再来，青春期努力学习到的知识会让你一生受益无穷。当你学有所成，充满信心地步入你的未来，你就会发现你将拥有健康和快乐，拥有知识和智慧，拥有成功和荣耀！

## 儿子，你也是块读书的好料

“你是准备不回家了吗？！你班主任给我打了好几个电话了，你为什么不去上课？！”一听就知道，马锐的爸爸已经暴跳如雷了。最近马爸爸操心得也够多了，每天接到马锐班主任的电话，说马锐没去上课，实在是让人伤透脑筋。“这孩子是怎么了，之前也安安分分没做过这么荒唐的事情啊。这都初三了，还有半年就要中考了，他是不准备读书了吗？唉……”马爸爸实在气得说不出话，只对着妈妈不停地抱怨，唉声叹气。“我们这样解决不了问题啊，孩子本来没事的，现在成这样肯定有原因。”

马锐妈妈找到马锐的班主任详细地询问了情况，仔细分析起来，看来马锐的反常举动还是从上次考试之后开始的。班主任老师说，那场考试马锐发挥得很失常，成绩比平时平均低了20分，让老师也无法理解。从那以后，他连上课也不来了，天天沉迷游戏，怎么也劝不进去。

“我想起来了，我去找一个人。”班主任找来的是马锐原来的死党赵一。赵一怯怯地看着班主任：“我真的不知道他在哪里……他好久没跟我一起回家了。我们吵了，我劝他不要看重成绩，他就骂我，说我是傻子，说读书没用。他说，他不是读书的材料……我真的不知道他去哪了，他跟我吵了之后也不来找我了……”

## 【爸爸给儿子的秘密话】

这世界上真正称得上的天才只是极少数的一些人，大多数人的智商相差都是不相上下的。问题是，有的人对自己缺乏自信，认为自己不是学习的料，在学习中也就不用心、不努力，智商得不到开发，因而埋没了自己的潜能，学习成绩不好也就是自然的事情了。

“尺有所短，寸有所长”，关键是要对自己进行客观的自我分析，充分地认识自己的能力、素质和心理特点，找出自己的长处和短处，以己之长，比人之短，激发自己的自信心。一旦你正确地了解了自己，自信的太阳就会在你心中升起，慢慢你就会发现，在自信的阳光照耀下，你能战胜学习上的一个又一个难题。

我们每一个人都是一块学习的好料，我们每一个人都要树立自信心，要相信自己、信任自己，要确信自己是聪明的，是有能力的。对自己充满面100%的信心，相信自己不比任何人差，这样你的大脑就能得到全面的开发，你就能战胜学习中遇到的任何困难，就一定能考出理想的成绩，成为一名全面发展的优等生。

# 一边学知识，一边学能力

究竟是知识重要还是能力重要，嘉义自己在书桌前看着一篇报道发呆，思考着这个问题。他一直是个成绩很好的学生，但是除了成绩好，好像就没有别的什么特殊的爱好和特长了，而在学习方面，也不过是自己的学业成绩很好，也没有参加过什么创新小组之类的活动。

他在创新小组里总是觉得自己像个呆板的傻瓜，没有什么新的想法，所以后来就退出了，也没有什么文体特长的他，在班里被认为是好学生，但是现在学校强调素质教育，这就让他很头疼。知识和成绩只是一个方面，而能力呢?

他反思着自己，我究竟有什么样的能力呀？好像找不到可以称之为能力的东西拿出来安慰自己。老爸经常说学会数理化，走遍天下都不怕。自己虽然现在数理化学得都很好，但是要走天下的话，心里还是充满了恐惧。因为学到的都是课本上的知识，自己从来没想过要把这些知识转化为能力。

既然知识没有转化成能力，那么看看自己的其他方面吧，与人沟通的能力呢？好像也不那么乐观。平日里是个沉默寡言的孩子，在学校里，同学们爱说爱闹的人那么多，自己就更不怎么表达自己。偶尔和大家聊天，才发现，更多的时候不过是个听众。而大家对自己的话好像也不那么感兴趣。

很多同学暑假的时候都去社会实践或者去兼职打工了，他们把赚来的钱捐给了希望工程。自己呢？每天在家里看书，但是，书里的知识就像是存在冰箱里的食物，好像从来都是冷冻状态。

思索半天，嘉义决定发展一下自己的能力，因为他得出的结论是能力比知识更重要。现在是信息时代了，要想获取知识，只要打开网络，就能获得无尽的知识，但是能力只是自己慢慢积攒锻炼才能形成的。没有能力，空有知识，只会变成高分低能的书呆子。下了这个定论之后，他开始制订自己的发展计划……

## 【爸爸给儿子的秘密话】

一个人拥有多少知识，并不能证明拥有多少能力，也就是说，知识与能力并不是成正比的。有渊博的知识固然是件好事，但人生首先最需要的并不是渊博的知识，而是生存的能力。青少年朋友只有通过学习，掌握一种能力，并让这种能力适应千变万化的社会需求，才能更好地生存和发展。

一代伟人毛泽东说过：“学习是学习，学习的学习也是学习，而且是更重要的学习。”青春期男孩尤其要注重“学习的学习”，从各个方面塑造培养自己的综合能力。

尽信书不如无书，书本中的理论只有与实践相结合，才能转化为生存的能力。做到这一点其实很简单，我们只要细心观察生活中的一些现象，并有意识地在自己的头脑中找出理论印证就可以了。比如说，老师在课堂上传授我们作文的方法和要点，读书的时候，就可以用这样的理论衡量一篇文章的结构，从中找出为什么好、为什么不好，这些共性的经验，还可以反过来促进自己的作文水平，培养理论与实际相结合的能力。

学习归根究底的目的是为了应用，所以，我们要在日常的生活中，积累一些有用的经验和知识，从“无字句处”读书，这也是我们打造生存能力的一个重要途径。数学运算阻碍物理的研究，牛顿就创造了微积分；工具的简陋影响了手艺的发挥，鲁班就发明了锯。这些都是在学习中创造、学以致用的典范。青春期男孩更要在实践中，突破各种束缚，主动应用新的技能，创造新的观点，这样我们的未来社会生存才能说有所保障。

古人说：“授我以鱼，只供一饭之需；教我以渔，则终身受用无穷。”在学习中探索生存的技能，在生存中体会学习的真谛，人才会越来越成熟。

## 淡看分数，不做分数的牺牲品

赵建伟的成绩不是很好，但也不是很坏，一般能排在班里的第十名。他当然不能在学习成绩上跟白书亮相比啦，白书亮在成绩上可不平凡，几乎每次都能拿第一名，真的很厉害。可是不知道为什么，平时大家在一起总是觉得赵建伟似乎更厉害一些。不论是动手能力，还是说话做事，好像赵建伟总能更胜一筹。真是让人费解的一件事情。对了，赵建伟还是他们班的副班长呢，可是白书亮却什么也没当。大家后来都说，可能分数不能决定一切吧，因为明明是赵建伟更厉害一些，虽然他没有白书亮的成绩好。赵建伟知道了大家的疑惑，便说：“其实也没什么啦，你们记得魔法师讲的关于爱因斯坦小时候的故事吗？”

《时代周刊》称爱因斯坦为“天才”“原子和宇宙谜的开启者”“20世纪最伟大的思想家和政治理想主义者”，但是，小时候的他得到的一大堆外号全是一堆充满厌恶之意的恶名。比如，他的小保姆就经常背着他的父母不耐烦地直呼他为“小傻瓜”。而在学校里，他的成绩也不好，甚至根本就没有人留意过他。

小爱因斯坦的确显得很笨，他的语言接受能力很迟钝，到3岁才学会说话。他的年轻的保姆哄他有一个十分简便的办法：他手上只需拿着一根小木棍，这个笨小孩就会看得发痴，并且会奇怪地笑起来，保姆因此更认定他是个“傻子”。而其他孩子也都不肯和他在一起，孩子们都觉得他又傻又古怪。爱因斯坦后来回忆说：“的确，因为我学说话非常晚，我的父母曾一度非常担心，他们甚至为此咨询过医生。”

许多研究爱因斯坦的人则认为，爱因斯坦说话晚的原因，可能是由于小孩子的抱负，只要开始说话就要说完整的句子。当有人问他问题时，他首先在头脑中形成答案，用嘴小声模仿，可以看到明显的嘴唇动作，直到确认无误时，才大声说出来，给人的印象是他每句话都说两遍。9岁时，他才戒掉这个习惯。

但是，爱因斯坦本人却认为发育迟缓正好帮了他大忙。他说：“当我自问为什么是我，而不是其他人发现了相对论，我想是由于以下原因：一个成年人对于时空已经熟视无睹了，而只有儿童才可能对周围产生什么想法；而我发育比较迟，恰恰是到了成年才开始考虑时空问题，因而我可以比普通孩子更进一步研究这个问题。”

爱因斯坦在学校里的表现依然很糟糕，他从来都不是老师眼中的好学生，考试名次也总是很靠后，然而就是这样一位“差生”，开创了物理学的一个新时代，为人类的进步做出了巨大的贡献。

## 【爸爸给儿子的秘密话】

在素质教育日益受到重视的今天，很多人已经知道，分数不是唯一的，分数并不能充分衡量一个学生的能力。的确，分数只能作为一种评判学生的方式，它绝不应该是唯一的，只能作为一种参考。因为历史已经无数次证明，那些平常人眼中的“差生”同样能够取得令人瞩目的成就。也许他们的学习成绩不是最好的，但是他们日后取得的成就依然可以让那些在学校里成绩好的学生汗颜。

有经验的老师从来都不只拿分数来考量一个学生，他们更看重一个学生的综合素质。他们认为这才是重要的。一个人的综合素质更能反映出一个人的能力，而不是简单的分数。一个排在第十名的学生在成绩、分数上也许不如排在第一名的学生，可是他依然可以在许多方面超过成绩第一名的学生，从而展现出自己的才华，实现自己的人生价值。还在担忧分数的男孩们，不要因为分数低了就丧失了自己的信心，因为这世界上还是有很多东西是分数衡量不出来的，如真诚，如友情，如亲情，如尊严等等。

当然，在学习上也不能偷懒。因为自己的懒惰而导致的考试分数低是不应该的。在学习上还是要尽力而为。即使自己不能把握结果，但是自己可以付出努力。只要自己付出了，也就无悔了。

## 为文凭读书？你大错特错了

温昊然被老师拉到办公室接受教育去了。劳动技术课他又请假了，一学期有12次劳动技术课，他请假10次，除了第一次去了之外，他再没去过。眼看着就最后两次课了，他居然还请假，老师忍无可忍了，直接从教室里把正在埋头算数学题的昊然拉到办公室了。

温昊然同学是个很多老师眼里的好学生，但是他绝对不是劳动课老师心里的好学生。他每次都逃课，理由也千奇百怪。虽然劳动课老师也知道，在高中开设这门课程，有些特别在乎学习时间和学习成绩的同学心里会不太喜欢这样所谓的浪费时间的课程。但是他也知道这样的课程是必须开设的，而这门课的开设也得到上面教育局的大力支持和校长们的一致赞同。

在学校，虽然除了温昊然还有很多同学有这样的想法，但是很少有人这么明目张胆地跟老师作对，根本就不去上课。

老师跟温昊然说："你为什么又不来上课，是不是因为觉得这个课程跟你没关系？"

温昊然理直气壮地说："这种课程都没用，又不能给我的高考成绩上加分，学了也没用。"

或许跟他一样想法的同学还很多，他们都觉得学习就是为了成绩，为了获得大学的敲门砖，就是为了一纸文凭而奋斗，至于和这张文凭无关的东西都是不必要学的。

"你学习是为了什么？"老师禁不住问昊然，"难道就是为了那张最后的文凭，最后的证书？”

“是呀，没有文凭现在哪能在社会上吃得开呀？文凭就是敲门砖。”

听他这么说之后，老师想了想，决心扭转这样的学习态度，这样的态度只会让像昊然这样的学生陷入对学习成绩和文凭的追求中，偏废了许多在中学必须掌握的技能。

“这样的学习态度，你会失去很多东西。你是一个人，注定要进入社会，这没错。但是文凭不能代表一切。重要的还是你这个人的能力，而能力除了学习成绩以外，还有你的适应社会的能力，还有你基本的生活能力。如果这些能力你都不具备，即使你获得了高学历，最后不过被别人扣上高分低能的帽子。这样你还怎么要求自己有大的发展呢？”

老师的一席话让昊然如同醍醐灌顶，原来学习不能只为了那个文凭而奋斗，让他错过了很多提升自己的机会。他决定趁最后一次劳动课的机会去上课，虽然机会不多了，但是他要珍惜每一次机会。

## 【爸爸给儿子的秘密话】

在学习过程中，很多男孩抱有一种错误观念：学习就是为了要一个学历，不过是图一个通行证、敲门砖，将来好找工作。至于上学的时候是否学到了真才实学，能否培养了自己走向社会各种能力，大家似乎并不在意。

文凭不等于水平，学历不等于学力，高分低能的现象并不多见。文凭不能代表一切，天长日久，一个人的真实面目总会被人发现。所以，我们一定不能用功利主义的态度对待文凭，更不能把今天在学校中的学习生活单单看成是获得文凭的手段，那样做就大错特错了。

不要把你的文凭、学历作为“通行证”。它们并不能代表能力，只是你曾经学习过的证明。文凭、学历只说明你的“学习过的证明”，这个“学习过的证明”与你是否有足够的能力在社会打拼，并没有实质性的关系。一个人的能力，其实是一种综合技能，包括你的学问学识，更包括如何待人接物、妥善地处理各种事件等。

男孩们，现在你们所能做的，不是拒绝现在的学校教育，而是端正学习态度，为了增长知识，提高能力，提升自己的精神面貌而学习。在校园中，重视培养自己这几方面的素质，而不要把分数、名次等等表面的问题看得太重，因为那些东西，只是暂时的荣耀或“耻辱”，不能代表你的未来，只有握在自己手中的本领和才干，才是你今后安身立命的根本。明白了这一点，你就明确了学习的方向，不会再感到迷茫了。

## 爱学习，学习其实很快乐

林宏是三中有名的人物，学生会主席，班长，学习成绩第一名。不仅如此，他还参加奥数比赛，屡战屡胜。让同学们疑惑的是，他总是有那么旺盛的精力，不论组织活动多辛苦，或是忙碌做题到深夜，第二天他还是照样在课堂上举手发言，回答问题，还是按时高正确率地完成作业，简直像是有用不完的精力似的。这种现象其实就连老师们都觉得极少见，就连成年人都未必能够在工作之后调节生活每天坚持同样的效率和精神，一个孩子竟然可以有如此的活力和激情。

期中考后学校广播台找到又得到第一名的林宏，让他与同学们聊聊他的学习心得和方法，好让同学们效仿学习。

林宏说："其实，我的学习心得非常简单，就是每天早上起床大喊三声，'我爱学习'，然后精神抖擞地去学校。"

林宏告诉大家，心理暗示是一种非常好的方法。当你每天对自己说，你爱学习的时候，你就在潜意识里鞭策自己学习了。大声喊出来，让自己听到，自己对自己说，一遍一遍，慢慢地，不管以前厌恶学习还是懒得学习，都会不知不觉形成"爱学习"的心态。林宏说："我也不知道我怎么就有那么充沛的精力，大概只是因为我爱学习吧。热爱的动力是无穷的。"

是啊，热爱的动力是无穷的，当你专心于一件无比热爱事情时，你哪里知道时间是怎么过的，疲倦是什么感觉呢？

## 【爸爸给儿子的秘密话】

如果将学习当成一种负担，学习起来就会心情沉重，自己的天性被压制，大脑潜能得不到应有的开发，结果学习也就无法学好。

只有愉快地学习才会事半功倍。兴趣盎然地、主动地、愉快地学习，与被迫的、强制的、不得已的学习，效果截然不同。学习时所必要的记忆力、理解力都是由中枢神经支配的，而中枢神经则是由情绪调动。高昂的情绪会使中枢神经兴奋起来，从而使学习事半功倍。

科学研究表明，人的脑子在喜、怒、哀、乐、爱、恨、惧等情绪极度兴奋时，所发生的一切，均会自然而然地牢记不忘。

例如给幼儿尝一次黄连，那苦味永生不忘；再如，一个特别美或丑的人，一瞥之下，也会令我们终生难忘。

因为这种刺激会引起强烈的情绪反应。情绪不仅与记忆有关，与理解能力也有很大的关系。如果你对下棋产生了浓厚的兴趣，你就会对棋谱具有比其他书籍高得多的理解力；假如你喜欢了跳舞，你就会对音乐及舞蹈动作具有超乎寻常的领悟能力。这都与由兴趣爱好所激发的有关神经高度兴奋有关。研究证明，愉快积极的情绪，对学习效果具有神奇的作用。

学习究竟是什么呢?

我国著名心理学家林崇德教授将学习归纳成以下几点：

（1）学习过程，是同学们的认识活动要超越直接经验的阶段。

（2）学习是在老师指导下的认识或认识活动。

（3）学习是一种运用学习策略的活动。

（4）学习动机是学习的动力。

（5）学习过程是获得知识经验、发展智力能力、提高思想品德水平的过程。

经过学习的五大特点的总结，相信每一个男孩找不到不爱学习的理由。

## 好学习，不如会学习

吴欢刚进入高中一年级，这个高中距离他家很远，父母费了很大周折才把他送进了这所高中，理由是这个高中更注重培养学生的能力，而不是单纯地强调学习成绩。吴欢在心里纳闷，到底什么样的高中，有这么大的魅力，让爸妈不辞辛苦地把自己弄过来，而且自己还要每天奔波很远的路，才能到学校。除了对新生活的向往，他更多的是好奇。

从开学第一天，这个学校就透出它的个性，第一堂课，老师没有让大家相互介绍，没有展开讲第一章、第一节是什么内容，直接来了个题目：学习学什么？

大家互相之间也不熟悉，老师也是陌生的面孔，一时间教室里很安静，所有的人都不知道接下来的45分钟，老师究竟要给他们怎样的第一堂课。

老师写完题目，简要介绍了自己，然后直接说："我们来这个学校是为了学习，在学习过程中，大家同处一室，自然会相互熟悉，相互了解，并且会互帮互助，成为一个新的集体，所以课上就不给大家留时间自我介绍了。谁站起来发言的时候，报出自己的名字。让大家记住你就好。"

老师开始步入正题，他看着黑板上硕大的题目，问大家，大家学习学什么？

没有人接老师的话茬，老师也不说话了，教室里就这么静默着，一般这样静默的时候，等着老师们打破沉默，进入下一个环节，但是，这个老师却丝毫不着急，他等待着。

终于有人说话了：学知识。

吴欢想了想认为，学习学的应该是思维。

还有人说学的是未来的技能，有的说是过去的理论。

大家对学习学什么持有自己的态度和观点，老师也不着急说话，只是点头微笑。

最后总结的时候，老师说：我不可能带你们一辈子，别的老师也不可能带你们一辈子，出了校门，什么都要靠自己了。那么学习该学什么？

有个同学脱口而出：学习方法。

老师笑着说：不错。简单的道理，授之以鱼，不如授之以渔。希望大家不要浅显地以为这句话和我们没关系。只有你们都学到了方法，你以后在没有了老师这根拐棍以后，也能直立行走，否则，只能做残疾人了。

吴欢和同学们一样，深深地点了点头。学习方法学到了，我们才能在任何时间、任何地点学更多的东西。

## 【爸爸给儿子的秘密话】

当前，知识更新速度与日俱增，时代对我们提出越来越严格、越来越多样化的学习要求。单凭“铁杵磨成绣花针”“功到自然成”的方式，是无法适应目前的学习的。今日的学习效率，不仅取决于勤奋、刻苦、耐力与花费的时间和精力，更取决于我们的学习方法。

学习成果的好坏，与能否找到合适的方法学习密切相关。如果学习方法不当，你就好像是在逆风中行走，非常困难。这也是有些男孩感到学习十分疲倦，有些男孩觉得自己不是块学习的料的原因。而当你找到了明确的学习方法并运用它时，你学习的过程就像在顺风行走，风速加快了你行走的速度。运用你最喜欢的学习方法学习会提高你的脑力，使学习的过程变得非常轻松，效率也会大幅提高。

哈佛优等生、美国第一位诺贝尔化学奖得主理查兹说过："最有价值的知识，是关于学习方法的知识。"学习的真正目的并不在于记忆、存储，或是学会运用某种特定技巧，而是在于学到终身学习的能力。要具备终身学习的能力，关键就在于必须"学习如何学习"。

学习很重要，学习如何学习更重要。男孩们一定要明白这样一个道理：不学习的人，不如好学习的人，好学习的人，不如会学习的人。

## 用大脑学习，不要用眼睛学习

物理课，对于一些同学来说是枯燥得可怕的科目，而对于另一些同学来说却是趣味横生的课程，在这门课上，他们会体验到无穷的乐趣，赵向飞无疑就属于后者。他是个爱思考的孩子，因此一些看似平常的习题和教学内容，都能让向飞挖出新的东西来。物理课就像是一场寻宝活动，每次都带给他和同学们新的惊喜。

我们都习惯了按照老师讲的内容记下那些知识，然后按猫画虎地去做实验，并且理所当然地认为那就是正确的，就是自然而然的。也正因为如此，我们的学习很辛苦，也很无趣，不过是重复的机械记忆，没有什么乐趣和新鲜感可言。但是向飞就不这样，他每次学到新东西时都会问一个为什么，自己去思考这个结论得出的具体情境，有时候还自己制作小实验去验证或者推翻书上的结论。

记得一次实验课，他得出的实验结果和书上的完全相反，于是，他就去找物理老师理论，物理老师也被他的探索和思考打动了，两人一起做实验，反复实验，最后发现，书上的结论真是相反的。于是，在老师的帮助下，他给出版社写信，要求更正错误呢，很快便收到出版社的回复，果然是印刷错了。为此，老师表扬他，还给他颁发了奖状。

就是因为思考，向飞才能不被课本上的知识所累，并且在挖掘知识来源的时候体验到了自己的主动性，还开拓了思路。因为思考，他的学习之路趣味横生，他的物理课更像是自己的实验课。这样，他反而从来不做笔记，死记那些条条框框的知识点。

不仅是物理课，向飞在其他课上也注意思考问题，而不是单纯地去背诵，记忆那些知识，历史课上，他就经常提出自己的问题来刁难老师，有时候老师都会被问得哑口无言，但是，老师们都在课后表扬这个爱思考的男生，只有这样的学生，才不会觉得学习是负担。

## 【爸爸给儿子的秘密话】

向飞成绩优异，可以说是因为其善于用脑思考，敢于创造性地学习。

美国著名学者彭威廉说：“真正的知识更多地来自思考，而不是书本，在学习的过程中应该用‘脑’学习，而不是用‘眼睛’学习。”用眼睛学习的知识在脑中依然是知识，知识是会过时的、被遗忘的。而用脑学习则通过思索将其化成了方法、智慧，并培养了自己的主见与独立思考能力，成了人生命中的一部分，这是一个人真正的能力。

善于用脑思考既是一种能力、品质，又是一种习惯。要具备这种能力，首先要养成良好的思维习惯，进行创造性的学习。而对知识保持旺盛的求知欲又是养成良好的思维习惯、进行创造性学习的前提，没有强烈的求知欲，你自然就不会去开动自己的大脑。同样是一本书、一节课，如果你对它感到厌烦或无所谓，你便会觉得自己的大脑是麻木的、烦躁的，这时就谈不上热情，更谈不上用大脑思考，创造性地学习了。反之，如果你能充分地激起自己的求知欲，觉得里面充满有趣的知识，觉得当你掌握了它们，会高兴、自豪，那你的大脑就会始终处于兴奋而活跃的状态，而不是人们常说的木头疙瘩了。

一个善于用脑思考的人，他的学习绝不会毫无目标、枯燥乏味，因为思考是为了以后更好地学习，为了在下一步学习时，能取得更大的进步。

PART 5

# 真情交友，珍视青春期的真挚友情

——说给得体交往的你

人生离不开友谊。人生有个缘分，梦想就会绵长。彼此有个祝福，友谊就会随心起航。在友谊面前，人与人之间，犹如星与星之间，不是彼此妨碍，而是互相照耀。友谊总需要真情去播种，用热情去灌溉，用原则去培养，用谅解去护理。

儿子，在紧张的学习生活中，学会与你的同学友好相处吧。彼此间多点理解，少点误解，多一点友善，多些计较。青春的花园因友情的点缀格外绚烂，成长的日子因友情的陪伴格外温馨。

## 青春年少，应该和孤独绝缘

施皓一直很少和同学们交往，爱好文学的他认为自己是个忧郁的诗人，每天躲在孤独的角落里写那些忧伤的文字才是他的生活写照。有时候，他也会因为孤单而觉得自己一个人不够阳光。但是大部分时候，他还是比较享受这样的生活状态，有点阴郁的忧伤。

一件事情改变了施皓的看法，从他开始感觉到集体和朋友的温暖之后，他不再喜欢那种阴郁的状态，他开始喜欢有朋友的温暖阳光照耀的生活。

突发事件是他下楼的时候扭伤了脚踝，没法去学校上课的他，开始抱怨自己的生活，认为自己就是倒霉，这样落下的功课要是回学校再补就要费力多了。正在他抱怨的时候，他家的门被敲开了，是班上的三个同学。

施皓诧异地看着他们，三个同学，施皓只和其中的一个人比较熟悉，就是见了面还可以打个招呼，聊聊天的那种，其他两个都是只知道大家是一个班，但是还没说过话的那种关系。他们居然来给自己补习功课。

既然人家好心来了，施皓也不好拒绝，而且他正愁自己去学校了再重新补课很浪费时间。既然人家热心，他就欣然接受大家的好意算了。

以后每天放学，都有同学来他家帮他补白天上课讲的内容。每天都是不同的同学，结伴而来。施妈妈留他们在家吃饭，他们都婉言拒绝。施皓在家休息了十天，全班同学几乎都来过了。施妈妈看着儿子这么好的人缘，每天心里都乐开花了。

十天的时间，通过每天来给施皓补课，同学都慢慢地和施皓熟悉起来。以前这个忧郁的小诗人现在也开始和大家打成一片，开始真正融入到这个集体中了。每天和大家一起聊天，讨论问题，和大家一起参加活动，不再躲在角落里一个人体验孤单的生活。

他的小诗集里现在充满了来自友谊的阳光。

## 【爸爸给儿子的秘密话】

生活中，许多正处于青春期的男孩性格孤僻、害怕交往，常常觉得自己是茫茫大海上的一叶孤舟，或顾影自怜，或无病呻吟。他们不愿投入火热的生活，却又抱怨别人不理解自己，不接纳自己。心理学家将这种心理状态称为闭锁心理，把因此而生的一种感到与世隔离、孤单寂寞的情绪体验称之为孤独。

孤独产生的原因多而复杂，比如学习上的挫折，缺乏与异性的交往，失去父母的挚爱，周围没有朋友等。此外，孤独的产生，也与人的性格有关。比如有的人情绪易变，常常大起大落，容易得罪别人，因而使自己陷入一种孤独的状态；还有的人善于算计，凡事总爱斤斤计较，考虑个人的得失太重，因此造成了人际交往的障碍。

一般来说，人的天性是不能忍受长期的孤独的，但是，有的人自己将自己推至了孤独的境地。

其实，孤独并不可怕。一生之中，每个人都会或多或少地体验到孤独感。以下是克服孤独感的一些方法：

（1）战胜自卑。只有咬破自卑心理织成的茧，你才能冲出黑暗，远离孤独。

（2）为他人做点什么，让自己受欢迎。

（3）多交一些知心朋友，交流之中，你能够体会到友谊的温暖。

（4）多参与外界活动，开阔心胸。

（5）培养一些课余爱好，从中获得乐趣。

## 同学不喜欢，你要多自省

自从转学后，贾谊整天闷闷不乐的，新的学校、新的班级丝毫没有引起他的兴趣，没有任何的新鲜感。原本性格内向的他变得更加沉闷了，在学校几乎不与同学来往。每天放学后，其他同学都三五成群有说有笑，高高兴兴地回家，而他却常常独自一人走在回家的路上。

有一天晚上，他对妈妈说：“妈，我不想在这里上学，我能回到原来的学校吗？”妈妈一听，满脸疑惑关心地问：“儿子，怎么了？想以前的同学了吗？这可是这里最好的中学了，现在我们一家都在这生活了，不可能再回去了。”

“妈妈，我想我以前的同学了。”

“现在，你不是也有新同学了吗？妈妈相信，你很快就会交到好朋友的。”

“妈，班上的同学一点也不喜欢我，不喜欢和我交朋友。”贾谊伤心地回答道。

“你怎么知道，同学们不喜欢你呢？你主动接近同学了吗？主动和同学打招呼了吗？”妈妈关切地问。

“妈，我是新同学啊！我害怕主动接近他们啊！班级的集体活动，他们也没有邀请我参加，放学后没人愿意和我一起回家。”贾谊一脸的委屈。

“儿子啊！你刚到一个新的班集体里，这正是锻炼你胆量的好机会。你要学会主动融入班集体，让更多的同学了解你，知道你的兴趣爱好，这样才能交到朋友，才有同学喜欢你啊！”

贾谊听后，大声地说道：“妈妈，谢谢您！我会努力的，我会让同学们了解我，喜欢我的。”

妈妈听后，满意地点了点头，高兴地说：“儿子，妈妈相信你一定会做到的。”

## 【爸爸给儿子的秘密话】

每个人都有自己的个性，不同个性的人会欣赏不同的人，所以，有的男孩子担心同学们不喜欢自己。如果，同学们都不喜欢你的话，说明你的性格里存在着一些不足，那么就要检查自己个性里的不足，来获得同学的喜欢了。

其实，个性没有好与坏之分，但是，有些方面会让人不喜欢，比如过于自私等。被同学不喜欢是一件非常痛苦的事，青春期也是学习科学文化知识的关键时期，如果和同学关系不好的话，肯定会影响情绪，会出现消极的心理，孤独感和失落感都会找上门来，长期下去，还会导致抑郁。改变这种现状，要从以下几个方面做起：

1.学会融入同学。

要避免过于孤僻，不要一个人躲在角落里，要积极主动地融入同学之间，多参加同学之间的活动，做一个善于协调的人，让同学因你的存在而感到轻松快乐。

2.多向人缘好的同学学习。

多和人缘好的同学交往，用心学习他们招人喜欢的长处，并把它运用到自己的交往，从而学会和不同个性的人打交道，并真诚地接纳他们。

3.多参加活动，培养自己的性格。

一个人如果性格过激或过于自我的话，就会缺乏朋友。多参加集体活动，为集体做些有意义的事情，找到自身价值所在，增加自己的自信，做阳光的青春期男孩，为其他同学带去青春的色彩。

总之，放下担心，努力培养自己的性格，用自己的真诚打动同学，让自己成为同学喜欢的人。

## 莫让妒忌刺伤了友情

田乐的妈妈发现，田乐最近总是心绪不宁的。起初田妈妈以为是田乐学习太累，身体不舒服。可是好一段时间了，田乐还是那样，甚至出现托病不去上学的现象。田妈妈越来越不放心了，就打电话给老师，想知道田乐在学校的表现。老师也说田乐最近有点反常，上课经常走神，心神不宁的。老师还以为是田乐家里出了什么事情呢。田乐一直是个很乖巧的孩子，学习用功，各方面都很优秀，会有什么事情呢？田妈妈百思不得其解。

田妈妈这天下班早，就顺道想去学校接田乐回家。走到离学校不远的地方，忽然看见几个流里流气的青年把田乐带进了旁边的拐角处。田妈妈心里咯噔一下，赶过去一看，几个人正在翻田乐的书包和衣服口袋。田妈妈气愤地赶过去，几个青年一哄而散。

田妈妈第二天带着田乐去了学校，把昨天见到的事情跟班主任说了一遍，班主任问田乐知不知道那些人是谁。田乐说只知道带头的一个人是刘强的哥哥，刘强的哥哥说田乐总抢刘强的风头，所以要压压他的风头。老师把刘强叫来问是怎么回事儿，刘强说不知道。最后老师说要报警，刘强才说是因为田乐比自己优秀，每次都和自己抢，气不过，所以才叫哥哥教训教训田乐的。老师严厉批评了刘强，也让田妈妈放心，以后学校一定注意，不再让这种事情发生。田乐也暗暗松了一口气，又恢复了从前的样子。

## 【爸爸给儿子的秘密话】

现在在校园里经常会出现恶意攻击的事，很多情况下这种恶意攻击是弱者的行为，他们会用语言或行动来攻击别人的强势。特别是男孩子之间，如果过于优秀，那么你有可能被恶意攻击。优秀的男孩子要认清这绝对是出于嫉妒心理。男孩不能为了避免恶意攻击，而拒绝优秀。

青春期里的男孩子都有很强的好胜心理，都想在老师、家长，包括女孩心里成为优秀者。但是，“尺有所短，寸有所长”，每个人的特长不一样，受关注程度也就不一样。男孩之间的嫉妒也就非常正常了。根据调查，现在中学生存在的打架斗殴现象，很多都是处于嫉妒，比如，某某成绩好，长得又帅，从而得到很多女孩的喜爱，而其他的男孩子就会嫉妒，想让这个男孩子出丑，就会恶意攻击。

但是，当嫉妒心理过于严重时就会表现出过激行为，就会出现恶意攻击。如果，你不是最优秀的那个，那么就努力成为优秀的人，而不要想着用恶意攻击阻止优秀者的步伐，恶意的攻击会让自己显得狭隘而偏激，反而会阻碍自己告别不优秀；如果，你由于优秀成了被恶意攻击的对象，那么就做一个真正优秀的男孩子，一笑泯恩仇，继续自己的优秀，别让恶意的攻击成为成功的阻力。

不过，如果对方的恶意攻击过激时就要提防了，因为，有的男孩子会出于嫉妒殴打优秀者，那么就要将这种行为扼杀在萌芽状态，这是对自己和他人的负责。

## 一辈同学三辈亲，多谅解少怨恨

“加油，现在离比赛结束还有三分钟，我们还落后三分，这次一定要赢隔壁班，不然我们就太丢脸了，上次他们就赢了我们。大家要防范好对方，特别是对方的5号，他是我们重点防范的对象，大家要注意配合，投篮命中率要高点，剩下的时间不多了。”高二（1）班篮球队队长李玉斌顾不上擦脸上的汗水，大声地对队员说道。说完后，李玉斌和队员们相互拍了拍肩膀，簇拥在一起大声地喊道：“加油！加油！”随后大家精神抖擞地重返了赛场。

“高二（1）班加油，高二（1）班加油！”响亮的呐喊助威声回荡在篮球场上空。

裁判一声令下，精彩激烈的比赛又开始了，李玉斌和队员们全力以赴，争取在紧急关头换回落后的局面。他们配合得十分默契，传球的速度十分快，特别是队长李玉斌带球过了对方两三个人，一个漂亮的三步跨栏，把球推进了篮筐。“哇！我们班进球了呢。”啦啦队的同学们高兴得跳了起来，李玉斌脸上也露出了灿烂的微笑。啦啦队的同学们冲着他们大声地说道：“加油，我们还落后一分。”此时，离比赛结束还有一分半钟。球赛越来越精彩，气氛也越来越紧张。

对方见他们投进了一球，也变得紧张了起来。此时，由李玉斌他们控球，他把球传给了队友陈亮。正当陈亮带球进攻时，与对方的高个子球员发生了碰撞，陈亮摔倒在地，球到了对方的手里，裁判没有吹口哨。对方球员带球过人，轻松地把球投了进去。球落地的那一刹那，整场球赛结束的哨声吹响了。

李玉斌与队员认为对方球员是故意那样做的，才导致他们失去了最后一丝希望。如果没有这样的故意行为，他们就有可能赢得此次比赛。李玉斌和队员们越想越不服气，难以咽下这口恶气。

队员张潭气愤地说道：“不能就这样，便宜了（2）班，是他们故意的。”

放学后，李玉斌带着几名同学堵在校门口，等着（2）班的队员。李玉斌二话没说，冲上去把（2）班篮球队的队长，按倒在地，抡起拳头打了下去。

老师得知后，急忙跑了出去，把他们扯开，带回了办公室。最终在老师的耐心教导下，李玉斌认识到了自己的错误，低头向对方球员道歉。

## 【爸爸给儿子的秘密话】

故事里所提的同学之间的矛盾，是从青春期走过的人们都会会心一笑，甚至会觉得那时同学之间的小矛盾都是甜蜜的。因为青春期的男孩子和同学之间闹矛盾是很正常的，那也是“三天恼了两天好了”的青春期小摩擦，但是，有的男孩子反映遭到同学的报复就不正常了。

俗话说“一辈同学三辈亲”，同学之间的友谊是非常珍贵的，它值得每一个青春期的男孩子珍惜。所以，不要轻易因为一些琐事计较，当同学之间有矛盾时也不要记在心里，一笑而过，是一种风度。

一般来说，同学之间也不会有什么深仇大恨。一旦事情已经发展到了报复的程度，就要认真思索对策了。遭到报复的男孩子首先要自我反思一下，是不是自己真的做了伤害同学的事，不能轻易伤害别人的自尊的，如果自己做了过分的事情伤了同学，那就要敢做敢当，向同学赔礼道歉，化解彼此的矛盾。

如果自己确实没有做什么对不起同学的事情，彼此之间只是一些小摩擦，却遭到了报复，那么就大度一些，原谅同学。没有不可化解的矛盾，只要有颗真诚的心，同学早晚会理解你的良苦用心的。

冤家宜解不宜结，男孩子素来以宽容自称，一定要有足够的度量来包容同学之间的小矛盾，沉稳地解决问题。多一个朋友多一条路，相信沉稳、宽容的男孩子朋友一定会遍布天下。

需要特别指出的是，如果对方的报复过分，造成人格侮辱或人身伤害，一定要及时向家长和老师反映，避免出现不可挽回的后果。

## 纯真的友情里免不了小误会

春天到了，各种植物都开始吐出新芽，大地上也冒出一片一片的嫩绿。王老师决定组织班里同学一起去郊游，让大家自己带吃的和水，多玩一会儿再回来。不巧的是，马奇这几天正好有一点感冒，可是他又实在不愿意错过这个好机会，不但可以接触大自然，还能跟同学们一起玩。所以他还是决定跟大家一起去，只是在出发之前吃了几片感冒药。

大家到了学校后面的一个山坡上，那里的小草已经长起来了，还有一些小野花，特别好看。大家玩了一会儿有点累，王老师说："大家原地坐下休息一下吧。"同学们三个一组、两个一簇地坐了下来，分别拿出自己包里的零食，互相分着吃。这时候，班里的女生宋小菲突然发现自己早晨走得急，竟然没有拿水壶。这可怎么办？她有一点着急，这时候转身看见身边的马奇拿着一个好大的水壶。她轻轻地对马奇说：“我忘了拿水壶，可以喝你的水吗？”

马奇心想，我感冒了，传染给她可不好，再说，她是女孩子，怎么能用我的水壶呢？于是，马奇摇了摇头说：“不行。”只见小菲的脸马上红到了脖子根，然后默默地走开了。这时候，马奇忽然觉得自己被误解了，他并不是故意地不给小菲喝水的，可是现在，她肯定以为自己是个吝啬鬼，这可怎么办呢？这下可完了，马奇的心情一下子低落到极点。

## 【爸爸给儿子的秘密话】

青春期里的男孩子是最朝气的一群，是最敢做敢当的一群，也是敏感多思的一群。青春期的男孩子会特别注意别人对自己的看法，担心自己哪点做得不好会被人误解。

青春期的男孩子，是非常敏感的，他们渴望被理解，又害怕被误解。而这种误解又常常发生。青春期里的男孩子常见的误解可以分为同性之间的误解和异性之间的误解。一般来说，同性之间的误解比较容易化解，而异性之间的误解则不容易。因为，到了青春期，男孩子和女孩子都敏感得很，一旦误解产生，女孩子又往往拒绝沟通，男孩子会显得手足无措。

在学习和生活中，和同学、老师等打交道时，产生误解是很正常的。如果，青春期的男孩子被误解了，不要因此心事重重，不会出现“完了”的状况，不要置之不理，不要首先抱怨别人，要先反思一下自己哪儿做得不够好，然后再真诚地去向别人解释清楚，或者用自己的实际行动改变自己的形象，让别人了解到真实的自己。

洛克菲勒曾说过：假如人际沟通的能力也是同糖或咖啡一样的商品的话，我愿意付出比太阳之下任何东西更高的代价购买这种能力。所以，学会和他人沟通是很有必要的，青春期的男孩子一定要学些沟通的技巧，让沟通成为一种享受。

不过，青春期里的男孩子一般不会遇到什么很深的不可化解的误解。在最纯真的青春期里，拿出一颗真心，对待每一个人，也不会有什么不可化解的矛盾。

## 做个任劳任怨的课代表

上了中学之后，学习变得紧张起来。不但科目增加，而且难度也加大了，经常有各种各样的习题和作业。韩聪是个很活泼好动的男孩子，平时有些贪玩。现在，越来越多的学习任务让他有些吃不消了，尤其是英语。老师讲的很多语法他都没有记住，每个单元的单词也不及时背。有些上课没听懂的，课后也不记得问，这样日积月累，英语成绩开始下滑。慢慢地，韩聪开始讨厌上英语课，更不喜欢做英语作业，这使他的成绩下滑得更厉害了。

韩聪班里的英语课代表叫李萌萌，是个学习很刻苦的女孩子，她的成绩在班里一直名列前茅。李萌萌作为班里的英语课代表，不但学习成绩好，而且尽职尽责。每到快放学的时候，她都反复督促大家要记得做作业，第二天早晨都早早地把同学们的作业收起来交给老师。可是韩聪很不喜欢他，他觉得课代表跟英语学习一样讨厌，所以对李萌萌一直很抵触。

有一天，英语老师让大家三个人一组，编一个对话，韩聪恰好跟李萌萌分到了一个小组。韩聪只好硬着头皮查资料、背单词、练口语。到了上课的时候，韩聪他们小组因为语境生动和口语熟练赢得了第一名，这使韩聪感到特别高兴。他突然觉得英语并不是那么讨厌的东西，李萌萌也可爱了起来。从那以后，韩聪再上课的时候就认真听讲，有不懂的就问老师，课后不但仔细地把作业做完，还积极地预习新课，看相关的课外书。没过多久，他就感觉英语学习越来越顺利，英语也变成了一门简单的学科，他的成绩也自然越来越好。

## 【爸爸给儿子的秘密话】

对于处于青春期的男孩子来说，中学是学知识的关键时期，所以，课代表的职务也显得异常重要。但是，很多男孩子不喜欢课代表，课代表成了不受欢迎的代名词，这是一种很奇怪的现象。

可代表为什么不受欢迎呢？经过相关调查才发现，男孩子们对此情况态度大同小异的关键，是课代表一般都是班里成绩比较好的学生担任，这样有助于帮助学生提高学习成绩。课代表的职务最重要的就是负责收发作业，及时向老师汇报同学学习情况，督促学生完成老师布置的作业题，配合老师的工作等等。

由此，我们能看出可代表为什么不受欢迎了。课代表和老师走得比较近，学生会担心课代表向老师汇报自己没学好的情况。另外，课代表会一直督促着同学交作业，繁重的作业让学生焦头烂额。所以，会有学生不喜欢课代表，其实是间接地害怕学习。

其实，课代表并没有错，男孩子不喜欢课代表，要从自身找原因，比如，自己上课是否认真学习了，或者作业是否按时完成了等。如果，你各方面做得都比较好的话，就不会不喜欢课代表了，甚至还会盼着课代表给你带来老师给你的反馈信息。

青春期的男孩子，好好学习是第一要务，端正自己的学习态度，做一个成绩和各方面都优秀的学生，课代表就会成为可爱的人。

## 友好对待同学喊绰号

“麻秆，帮我再讲讲这道题。也不知道怎么回事儿，老弟我去办公室转了一圈，问了半天还是没明白。”戴天乐大大咧咧地一边走一边喊，大家听了都笑了。坐在旁边的陆伟听了一脸的不高兴，觉得很没面子。陆伟个子高但很瘦，打篮球的时候其他班的一个同学喊过他一声“麻秆”，从此班里其他几个同学也经常这样喊他了。

戴天乐走到陆伟旁边把书一放：“麻秆同学，给讲讲呗。”

陆伟理也没理：“不会！”

“怎么了，跟谁生气了，这么大脾气。小心变枪杆哦。”

陆伟听了，气得一下子从座位上站了起来：“你再说一遍，谁是麻秆！”

戴天乐吓了一跳，也火了：“发什么神经，开个玩笑怎么了，爱讲不讲，真酸。”

陆伟听到戴天乐说自己酸，更火大了。旁边的同学一看，赶紧把戴天乐拉走了。

戴天乐一边往外走一边说：“没见过这种酸溜溜的人。”陆伟听到气得不行，一把把戴天乐放在自己桌子上的书摔了出去。被拉着刚要出门的戴天乐看到自己的书摔在地上了，甩开同学的手，跑回来跟陆伟扭在了一起。

马老师看着两个衣衫不整的学生站在自己面前，气得都乐了：“戴天乐，陆伟，你们俩真行啊，就为这点事儿，你俩就打起来了。”

“他当着那么多同学的面喊我外号，嘲笑我。”

“谁嘲笑你了，我开玩笑的。”

“谁跟你开玩笑，喊外号就是不尊重人。”

“还吵，你们两个都不对，老师现在没时间，都回去好好想想。”看着两个人蔫蔫地走出去，马老师摇了摇头。

班会的时候，马老师用“外号”做话题让大家讨论。当大家争论喊外号是不是不尊重别人时，马老师打住了大家的争论，讲起了自己高中时的外号。大家很惊奇，安静地听着。马老师讲完时，陆伟和戴天乐互相看了一眼，都不好意思地低下头。

## 【爸爸给儿子的秘密话】

绰号，一般又称外号、诨号，是周围人根据某人的特征、特点或体型给他另起的非正式名字，以表示亲昵、开个玩笑、憎恶或嘲弄的意味。所以，一般的男孩子也不会在意绰号，还会因此更了解自己、了解他人。同学之间喊绰号本是很正常的事情，有的同学出于好玩或愚弄喜欢喊别人的绰号，正确运用这一游戏还会拉近彼此的距离。但是，青春期里的男孩子心理也是非常敏感的，对于同学喊绰号也会很反感。

正处于青春期的，男孩子一般来说对别人说自己胖、矮、小眼睛比较介意。因为，随着青春期的到来，他们会慢慢在意起自己在他人眼中的形象，男孩子们当然就会讨厌人们指出这些常人看来是负面的特征。

男孩子要了解，同学之间相互喊绰号是很正常的，没有恶意，如果你觉得不舒服可以直接告诉他们。不要因为同学的玩笑话就感到自卑，金无足赤人无完人，要坦然面对自己、接受自己。

其实，一个人的魅力和他的长相关系甚微，对于男孩来说更是如此。伟大的人格和良好的品行是最重要的，所以，对于绰号里反映的自身的特点，也无须挂在心上。同学之间的友谊才是非常重要的，不要因为这些小事就心生怨恨，男子汉要学会宽以待人，这样才会弥补自己的不足，成为大家喜欢的人。

# 接纳，打开一扇扇友谊之门

林飞和肖扬是同桌，又是同宿舍，但两个人的矛盾大家都看得出来。有一段时间，两个人谁都不理谁，连老师都知道了他俩的事情。虽然从没吵过架，但是打心眼里，两个人谁都看不惯谁。

这天下课的时候，高老师叫住了往外走的林飞。“林飞，跟我来一下。”林飞以为高老师有什么事情要他帮忙，就跟着高老师进了办公室。

林飞：“高老师，有什么事吗？”

“哦，今天课代表没来，你帮我把这些资料发下去吧。”

“哦，好的。”林飞刚要拿资料，又被高老师叫住了。

“先别忙，林飞。你过来，老师有点事儿问问你。”

林飞纳闷地走过去，看着高老师笑眯眯的眼睛：“有什么事儿吗，高老师？”

“你跟肖扬是怎么回事儿呀，上次小组实验，我让你俩一起给我搭把手，你俩谁都不搭理谁，是不是闹矛盾了。”看着林飞低下头，欲言又止的样子，高老师又问：“怎么，对肖扬有意见了？来，跟老师说说。”

林飞看着高老师说：“也没什么，肖扬就是有时太张扬了，也不顾及别人的感受，他认为好的事情，大家就要一起跟着做，也不问问别人的意见。大家一起的事情，总是他说怎样就怎样。”

高老师听了点点头：“肖扬确实很有个性，这是他的缺点也是他的优点，你说是不是林飞？老师知道你是一个宽容温和的好学生，你和肖扬应该互相帮助才对，不应该互不理睬，那样对学习对做人都不好。老师觉得你们两个都很优秀，大家对你们两个也都很信任，你们两个要是能互相学习一起帮助大家多好。”林飞听了点点头：“老师我明白了。”

过了两天，高老师在走廊里看到了肖扬：“肖扬，林飞说你很能带动大家的积极性，适合当队长组织这次的足球比赛。”肖扬听了纳闷地说：“林飞会让我当队长？他对我那么大的意见，还嫌我张扬，会让我当队长？”高老师说：“那怎么了，老师怕你忙不过来，派他做副队长，给你帮忙。”肖扬一听撇了撇嘴说：“他那样温温吞吞的，对谁都好，连点原则都没有，说话大家都不听，能管好什么呀？”高老师一听就乐了：“这就是你对林飞不满的地方？金无足赤，人无完人。你跟林飞通过组织这次比赛，好好磨合磨合吧，也各自好好反省反省。”肖扬听了，挠挠头，不知道高老师葫芦里卖的什么药。

## 【爸爸给儿子的秘密话】

现在的社会越来越提倡个性，有个性的人一般很容易抓住他人的眼光。所以，在学校里，追求个性的同学也屡见不鲜。但是，这里所说的个性，一般是特立独行。但是，心理学上的个性是指一个人的个别性，是这个人在思想、性格、品质、意志、情感、态度等方面不同于其他人的特质。这种特质会外化为他的言语方式、行为方式和情感方式等等。心理学上还指出，任何人都有自己的个性，任何人都是一个个性化的存在。

接纳不同个性的同学是一门学问，因为，一般人很容易接纳个性接近的同学，而排斥那些和自己迥异的同学。但这样会让我们错过很多友谊，错过向别人学习的机会。所以，不能拒绝自己不喜欢的同学，只要你用心观察，就会发现“三人行必有我师”，只有博学众人之长，才能根深叶茂，为以后的发展打下基础。

此外，只有在和不同个性的同学打交道，才能发现自己的不足，弥补自己的不足。人与人的思维方式存在着很大的差异，就在相互交往中差异的碰撞会产生智慧的火花。周恩来总理就强调“求同存异”，所以，做一个内心宽广的人，海纳百川，方能成就自己。

其实，个性的相同和相异不是绝对的，强调个性的差异性时，我们也不排除个性的共同性。每个人与他人都或多或少地存在着个性相同的基础，只要愿意真心交流，就不存在没法跨越的鸿沟。一个班里的同学，在相同的学习环境里接受相同的教育，彼此之间个性的差异里存在的共同性就更不可忽视。

学会接纳不同个性的同学，能帮助男孩抓住成长的机会、完善人格，给自己和他人都打开一扇友谊之门。

## 心存宽容，友谊地久天长

小可是小学六年级的学生，长得瘦瘦小小的，别看长得小，学习成绩一点都不落后，年年都被评为学习标兵。

自从班里转来了一个新同学，无忧无虑的小可也有了烦恼。刚转来的同学叫龚浩，个子要比小可高一头，身体壮壮的，说起话来瓮声瓮气。刚来班里没有几天就“晋升”为班里的“调皮大王”。

“调皮大王”对人一点都不友好，尤其爱欺负瘦小的小可。他经常在上学的路上煽动其他同学对他高喊“豆芽菜”，每当这时候小可就羞得无地自容。看着龚浩高高大大，每次小可都忍气吞声。

还有一次，放学的时候下雨，龚浩没有带伞，竟然去抢夺小可的伞，还把他推倒在泥水里。小可真是太讨厌龚浩了，他常常想：怎么会有这么坏的学生呢？在学校里小可总是小心翼翼地躲避龚浩。

为了全体同学共同提高，班里实行“对对红”，小可竟然和龚浩是一对，老师让小可帮助龚浩提高学习成绩，而龚浩也可以帮小可加强体育锻炼。小可对龚浩避之唯恐不及，现在却要整天和他在一块儿学习，他可受不了。

知道自己和龚浩要结成对子的消息后，小可的第一反应就是找老师换“对子”。

在去老师办公室的路上，小可迟疑了：龚浩虽然经常欺负自己，但是听说他也做了很多好事，有一次捡到一大笔钱，就在路边等了很久，直到把钱还给失主。或许他并不是真“坏”吧。虽然成绩不好，可是总是能按时完成作业，看来在学习上他确实是需要帮助。

想到这里，小可决定试试。

小可不再计较以前的事，耐心地为他讲解题目，检查作业，真诚地帮助他，在他的努力下，龚浩的成绩提高得很快。通过一段时间的相处，小可发现，龚浩没有想象中的可怕，甚至觉得他很可爱。

现在龚浩不仅不会再欺负小可，还教他踢足球，陪小可锻炼身体。曾经最讨厌的人成了小可最好的朋友，现在两人整天形影不离。

## 【爸爸给儿子的秘密话】

小可与龚浩的故事说明，宽容有着不可估量的作用，它能改写许多人生故事的结尾，能化敌为友。

宽容，是一种美德，一种大爱。宽容对赢得友情、消除仇恨，乃至事业的成功都是必要的。因此，在日常生活中，无论对父母、对老人、对同学、对朋友，乃至将来对领导、对同事、对恋人……青少年都要有一颗宽容的心。宽容，它往往折射出为人处世的经验、待人的艺术、良好的涵养。学会宽容，需要自己汲取多方面的“营养”，需要自己时常把视线集中在完善自身的精神结构和心理素质上。

待人宽容，男孩能为将来成就大事奠定良好的基础。一个人以敌视的眼光看人，就会对周围的人戒备森严，心胸狭窄，处处提防，就不可能有真正的伙伴和朋友，就会陷入孤独和无助中。宽宏大量、与人为善、宽容待人，能主动替他人着想，关心和帮助别人的人，则讨人喜欢，被人接纳，受人尊重，具有魅力，因而能更多地体验成功的喜悦。

有人说宽容是软弱的象征，其实不然，有软弱之嫌的宽容根本称不上真正的宽容。宽容是人生难得的佳境——一种需要操练、需要修行才能达到的境界。

处处宽容别人，绝不是软弱，绝不是面对现实的无可奈何。在短暂的生命历程中，男孩如果能学会宽容，意味着你将赢得更多同学的欢迎，意味着你与同学之间的友谊将地久天长，意味着你的学习和人生将更加快乐。

## 互帮互助，携手走过青春路

江明辉和郑铮都报名参加了创新大赛。但是他俩擅长的不一样，江明辉同学创意很新，而且有很多奇思妙想，但是他的表达能力不强，跟别人说话的时候还经常脸红，稍微紧张了之后就会变得结巴。郑铮的语言表达能力很强，但是他的创意一般，他没有那么多奇思妙想，他能想到的，别人也能想到。

中学生创新大赛是以小组形式报名的，郑铮觉得自己的优势和劣势刚好和江明辉互补，就主动邀请江明辉，想要和他结为一组。但是，江明辉不这样想，他觉得自己的创意才是核心，而郑铮虽然有三寸不烂之舌，终究是绣花枕头，草包一个。如果自己跟他一组的话，自己的创意肯定被郑铮拿去说来说去，到最后，大家肯定以为那些成果都是郑铮一个人的。到头来，自己白辛苦一场，还让他捡便宜。这种傻事，他才不干呢。

学校的初赛，江明辉结结巴巴地解释自己的创意，郑铮看着自己的苍白的创意内容，纵有千言万语，也描述不出一个花团锦簇来。负责点评的林老师建议他们合成一个小组，这样，他们可以充分利用自己的优势，使小组成功的可能性大大提升。

郑铮表示积极赞同，江明辉迫于形势，也只好答应了。

果然，江明辉把自己的创意想法告诉了郑铮之后，郑铮都能很好地理解，遇见不太清楚的地方也能很快和江明辉沟通，他们的创意计划很快成型。

去市区参加创意计划答辩的时候，郑铮在讲台上滔滔不绝，他制作的幻灯片既内容翔实，又精致漂亮。而且他们的创意新颖，赢得了评委们的青睐。两人以优异的成绩进入复赛。而评委问郑铮，这个创意是怎么想出来的，郑铮直接下台从观众席上请出了江明辉，对着大家说："这都是我们团队的核心成员江明辉同学的功劳，而我不过是负责把他的创意点子展示给大家。"

台下响起了热烈的掌声，江明辉终于发觉，原来合作才能共赢，在合作中发挥各自的优势，才能成就事业。

## 【爸爸给儿子的秘密话】

江明辉和郑铮的故事告诉我们，在面临困境时，无论你的眼光是短浅还是长远的，往往依靠自己一个人的力量很难摆脱困境。只有相互帮助，才能取长补短，进而推动你渡过难关，克服学习和生活上的困难。

相互帮助，可以使自己和对方获得双重的奖励。一方面可彼此解决学习和生活中的难题；另一方面可使彼此感受友情的力量，加深彼此的友情。这是狭隘者所永远无法得到的。

同在一个教室，共浴一片朝阳。在每个学校里，在每个班级中，同学之间都像兄弟姐妹一样，无论谁有困难，都应该互相帮助。学习上，要相互帮助；生活中，要相互鼓励。当别人有困难时，你毫不犹豫地去帮助别人，别人的心里会感到温暖；而当你有难处时，别人就会主动帮助你，此时你的心中也同样会感到安慰。

生活在班级这个大集体中，同学之间互相帮助，互相爱护，大家才会感到真正的快乐、温暖和幸福。

男孩们需要明了，互相帮助、团结友爱是一种美德，愿我们每一个人都能把这一美德发扬光大，用友爱的光芒照亮我们的青春之路。

# PART 6

# 阳光少年，内心成熟的男孩能成大器

——说给成熟稳重的你

青春期，你的身体一天天发育成熟，然而生理上的成熟并不意味着心理上的成熟，你的心理和情绪还很稚嫩，敏感、冲动、任性、争强好胜，却又胆怯自卑……时不时显示你善变和脆弱的一面。

儿子，在你未来的人生道路上，充满了挫折和坎坷，没有成熟的心理你将无法应对人生的挑战。试着从现在开始，学会克制情绪，练就如阳光一般的心智吧。面对太阳，阴影将落在背后。内心强大，你才能所向披靡。

## “乖乖仔”怎么成了“火炮筒子”

小宇今年14岁了，以前的小宇成绩优异，性格活泼，是父母眼中的好孩子，老师眼中的好学生，同学们都愿意和小宇在一块儿学习、游戏。可是最近小宇变了，变得易怒暴躁，和父母顶嘴，乱摔东西，甚至和同学打架。

“我觉得很难过，现在同学们都不愿意和我一起玩了。”独自站在操场角落的小宇小声地说道。

周一上午几何课后，小宇的同桌林明问小宇：“这道几何题怎么证明啊？”“上课老师不是讲了吗，看笔记。”小宇不耐烦地答道。“上课走神了，没有听明白，你再给我讲讲吧。”林明不好意思地说道。“这么简单的题目都不会，怎么这么笨，上课时都讲了，自己看。”顺手把自己的笔记扔给林明。林明生气地把笔记拨到一边。

下午上美术课，小宇没带画笔，向同桌林明借，林明头也不抬，装作没有听到，小宇觉得尴尬，气愤又困惑，不知道自己究竟哪里得罪了林明，要知道，他们俩可是好朋友啊。

在学校郁闷了一天，晚上回去做数学老师布置的作业，发现只有两道很简单的几何题，就想这么简单的题目我就没有必要做了，这些题目都是给那些学习成绩差的同学布置的。结果第二天因为没有完成作业，被数学老师批评了。“学习态度不端正。”小宇很不服气数学老师这样的批评，不就是两道题没做吗，又不是不会。

幸好还有一件令人开心的事，那就是爸爸今天出差回来了，他说过要给小宇买双耐克鞋子的。放学后兴冲冲地跑回家，爸爸果然在家。“宝贝，回来啦，想爸爸了吗？”爸爸高兴地抚摸着小宇的头，兴奋地说，“好像又长高了，哈哈，快来看看爸爸给你买了好多书呢。”“你给我买耐克鞋了吗？”小宇着急地问。“哎呀，坏了，太匆忙了，忘了！”爸爸歉意地说道，“下次记得给你买好不好？”“说话不算话，不用你买了。书、书，就知道买书，以后买了你自己看吧！”说完小宇飞快地跑到自己的房间，狠狠地把门关上。

小宇现在很烦躁，很恐慌，觉得全世界的人都在和自己作对。面对爸爸妈妈的不理解，老师的批评，同学的孤立，小宇觉得似乎世界上所有的东西都失去了原有的秩序，都不对了。所有人都不喜欢他了，难道以前大家对他的喜爱都是假的吗？现在的小宇很困惑。

## 【爸爸给儿子的秘密话】

相信不少男孩都会有这样的体验，进入了青春期就不再有“乖乖仔”。

男孩家长们常常会有这样的体会，孩子进入青春期后不仅身体见长，脾气也见长，言语和行为上都有很大的改变，尤其是批评不得，常常是不讲道理地乱发脾气。难以驾驭的情绪变化、冲动易怒的脾气和随之而来的烦闷心情，这不正是处于青春期的男孩们最典型的情绪特征吗？

从生理上来说，据国内外专家的研究，青少年性激素的分泌，比其性发育前增长了8～16倍。成长的加速度就是一种“生理能量”，同时有些孩子神经系统本来属于“强型”，例如心理学中所说的“胆汁质”或“多血质”的气质类型，当然就更是“不由自主”地容易冲动了。

“生理能量”如果没有健康的释放渠道，就可能转化为一种“心理行为能量”，正如平日所说的，“有劲没处使”，这种能力释放的破坏作用是非常危险的。冲动易怒、脾气暴躁是一种极其消极的情绪，这不仅对个人的身体健康、个性培养不利，而且也会对身边的朋友、亲人造成伤害，走向社会后更是影响着人际关系的生成，影响着一个人的进步和成才。

相信青春期的男孩也会有这样的烦恼——“总爱发脾气怎么办？”方法是多种多样的，只要你真的用心去尝试。

首先要勇于承认自己爱发脾气，以求得他人帮助。如果周围人经常提醒、监督你，那么你的目标一定会达到。同时，意识控制就是一种很好的方式。当情绪即将爆发之时，可以进行自我暗示，提醒自己保持理性，暗暗告诉自己“别发脾气，以免伤人伤己”。

## 青春年少，快乐是生命的底色

尽管学习课程很紧，作业、补课没完没了，考试一个接着一个，而海东每天都是一副很快乐的样子。

而海东的好朋友刘越，却经常为各种事情忧心忡忡。

刘越经常向海东抱怨一些小事情：明天就要考试了，现在还感觉自己像什么都没有记住的样子，该怎么办呀？下周的体能测试又要测1000米了，这是很让人发愁的事情呀，到时候不及格了又要做俯卧撑，累死了不说，还丢人。还有那个烦人的兴趣小组，每次都搞到周末举行，不能睡懒觉，还得准备好多材料。

海东其实和刘越参加的活动都一样，他也要参加明天的考试，他也要在下周进行体能测验，他一向没有刘越跑得快，他也跟刘越在同一个兴趣小组，但是他跟刘越的心态不一样。他是那种能把事情看得很开的人。所以，他才看起来比较快乐，至少没有那么多精神负担，没有每天把自己搞得疲惫不堪，紧张不安。

明天有考试，海东尽力地复习了所有要复习的科目，他每天也在努力地去锻炼，坚持跑步，但是他真的没有运动员一样的体质，他只要求自己达标就好，他没有那么高的要求，也没有刘越那么多的精神负担，所以保持着精神的快乐，整个人的状态都和刘越焦虑不安的状态很不一样。

海东希望自己能够获得幸福，但是他的幸福不是事事都争第一名，都要做到最好，他只求自己尽自己的最大努力，有些方面的结果真的没有别人做得好，但是他依然快乐，因为他付出了，并且得到自己认为应有的回报。

## 【爸爸给儿子的秘密话】

生活中，不少青春期男孩因考试失利而精神萎靡，因失恋而痛苦忧伤，因无法适应快节奏的工作而丧失斗志……这些心理多半是他们意志薄弱、心态不成熟的一种表现。而这些异常的心理、悲观的心态往往导致痛苦的人生，往往影响男孩们对环境的正确看法。

一个人快乐与否，不在于他做什么而在于他怎样看待自己所做的事情。生活是快乐的源泉，有了生活，快乐就不会枯竭。生活中并不缺少快乐，缺少的是发现快乐的眼睛，缺少的是感到快乐的心灵。

乐观是一种美好的品格，青春期男孩应营造追求快乐的环境，培养自己乐观的性格。

（1）让自己获得更多的友谊。你要创造条件让自己建立起良好的人际关系，学会怎样进行愉快融洽的人际交往。

（2）让自己行使更多的自主权。把握生活中的各种机会，自己决定选择什么不选择什么。

（3）调整好心态。当陷入痛苦或忧虑之中时，可以采取听音乐、阅读、骑自行车或与朋友交谈等方法，让自己从失望中振作起来，尽快恢复愉快的心情。

（4）控制自己的欲望。欲壑难填，当一个人物质占有欲太强，就极有可能“欲火焚身”，因此，应正确对待自己的物质追求，控制自己的物质占有欲。

（5）培养广泛的兴趣和爱好。为自己多寻求、开发良好的兴趣和爱好，积极参加各种有益的活动，就能使自己快乐起来。

青春期的男孩们，让自己的精神快乐起来吧，这样我们才能用心灵去触摸世界，拥抱快乐，让快乐充满我们的青春。

## 【爸爸给儿子的秘密话】

生活中，很多青春期男孩总是掌控不住自己的情绪，常为一点小事而坏了心情，或不管三七二十一乱发脾气，结果搞得场面十分难堪，还会给周围的人带来很大的伤害。

情绪是人对事物的一种表面的、直接的、感性的情感反应。一个人如果任由情绪发展，就会给自己带来很不利的结局。青春期的男孩，正处在身体、生理生长发育的时期，性格和心理很不成熟，发点脾气是正常的。但如果不加节制地随意发脾气，就是严重的情绪化了，会给自己、给亲人、给同学、给学习都带来莫大的危害。

青春期男孩要学会控制和改善自己的情绪，让自己变得心智冷静，心平气和些。改善情绪的方法有很多：

1.转移。

当我们受到无法避免的痛苦打击时，长期沉浸在痛苦之中，既于事无补，不能解决任何问题，又影响自己的学习工作、损害健康，所以我们应该尽快地把自己的注意力转移到那些有意义的事情上去，转移到最能使你感到自信、愉快和充实的活动上去。比如听音乐、游泳、打球等。

2.解脱。

解脱就是换一个角度来看待令人烦恼的问题。从更深、更高、更广、更长远的角度来看待问题，对它做出新的理解，以求跳出原有的圈子，使自己的精神获得解脱，以便把精力全部集中到自己所追求的目标上。

3.升华。

升华就是利用强烈的情绪冲动，把它引向积极的、有益的方向。我们常说的“化悲痛为力量”就是指升华自己的悲痛情绪。其实不只是悲痛可以化为力量，其他的强烈情感也都可以化为力量。例如，可以化愤怒为力量、化仇恨为力量、化教训为力量、化鼓励为力量、化羞辱为力量，等等。

## 不要错把任性当个性

梁长旭同学最近总是跟妈妈吵架，因为他要每天花很多时间在服饰打扮上，那些衣服在老师和家长看起来是奇装异服的配饰。他认为自己是在追求个性，而且每次妈妈讲什么他都不听，他觉得这才是个性。如果听妈妈的话了，就是没有个性的表现，不是年轻人的风格。

总之，现在长旭就是把自己的任性都归结为是个性，每次妈妈想劝他，都被他标榜个性顶撞回来，现在妈妈很无奈，但是也找不到解决的方法。

学校里开始风行赛车，很多同学都开始花费金钱和精力在赛车上，而好的赛车是价钱昂贵，大家一般都玩普通赛车。但是，长旭为了追赶潮流，甚至超过同学们，他绝对买最贵的配件，自己组装赛车。自己的钱不够，只好去寻求爸妈的支援，但是动辄上千的配件，对于他们这样一个普通的家庭来说，真的是比较艰难的。所以，他跟妈妈要钱的时候，妈妈没有给。他跟妈妈争吵起来，认为她根本不注意培养他的个性，就是在扼杀他的天分。

妈妈被他气哭了，他还气鼓鼓地打电话给爸爸，告妈妈的状。爸爸听了他的倾诉之后，明白了事情的原委。回家了以后，老爸把他约出来，在小区附近的茶餐厅和他谈心。

“儿子，你这不是个性了，你这是任性。”

“咱家的情况你是知道的，你的要求已经超出了我和妈妈的能力。更何况，个性不是靠昂贵的金钱代价换来的。个性是你自己有自己的魅力，有自己的优点，有自己的处世风格。而不是那些奇怪的衣服和昂贵的赛车能给你的。个性是你自己的。你这样任性地跟妈妈顶嘴，绝对不是一个有个性的好孩子。”

长旭低下了头。听着爸爸的话，他觉得自己脸上都火辣辣的，真的不好意思再那么张牙舞爪地跟妈妈吵架了。他已经长大了，不能那么任性，老惹妈妈哭了。他开始后悔自己的行为了。

长旭决定自己培养自己的个性，收起了那些奇装异服，开始向新的方向前进。

## 【爸爸给儿子的秘密话】

“任性”与“个性”只是一字之差，二者的意义却差以千里。任性是一种不健康、不成熟的情绪，直接威胁着青少年成长和进步。然而，对于思想和心智都不成熟的青少年来说，“任性”却常常被标榜为“个性”。

个性与任性之间的一个很重要的区别就在于，一个人的“个性”中所包含的是合理的、正确的想法和行为，而任性则恰恰相反。成长中的青少年们缺少全面而理性地看问题的能力，常常会把一些不好的“任性”习惯当成“个性”来标榜。这时，多多听取师长们的意见和劝导是很有必要的。

要知道，真正长大的表现，是能够克制自己的任性情绪，忌讳自己的任性脾气。任性只能说明自己还不够成熟，还需要不断打磨自己。我们甚至可以说，先天造就了任性，后天的修养形成个性。个性是自我发展的需要，无论在学习中还是在以后的工作中，无论在家庭中还是在社会交往中，都可以尽情地发挥鲜明的个性。健康积极的个性会使增加你的成功概率，会使你的人生更加精彩。要知道，顺利地做成每一件事都是不容易的，千万不能任性耍脾气，要时识务地发挥自己的个性，利用自己的特长，发扬自己的长处，为自己的发展创造更广阔的空间。

所以，青春期的男孩们，不要错把任性当个性，要学着成熟，这样才能活出精彩的自己。

## 好胜心要有，但要适可而止

短跑成绩出来了，李厚泽不是第一名。他屈居第二，第一名是他的好友马宁。李厚泽把自己的外套甩在身后，头也不回地离开了运动场，马宁收拾好自己的东西再喊他的时候，他早已经出了操场。

李厚泽很不高兴，因为一般情况下，他都是短跑组的第一名，马宁的素质虽然也不错，但是从来不能超越他。他们一起训练，一起吃饭，一起参加比赛，周末的时候还经常一起出去玩，但是，这回他非常不想理马宁。

李厚泽是个争强好胜的人，这一点短跑组的人都知道，曾经有一个队友一次成绩和他齐平了，他都老把人家当成敌人一样看待，有事没事的想挤对人家，很长时间都能看到他有意无意地给那个同学使坏。现在他的好朋友不仅赶上了他，而且超过他，队友们都为马宁捏了把汗。

李厚泽看见马宁就头疼，你比我强，你比我成绩好，我都落败了，我不想跟你一起训练，我不想跟你天天腻在一起，看见你我就难受。李厚泽每天都这样想，也疏远了马宁。马宁每次想主动地接近李厚泽，他都会迅速地逃开。两个好朋友之间的关系一下子变得很冷漠。

李厚泽倒是没有自暴自弃，他每天更刻苦地训练，比以前的训练强度要大很多，训练的时间也比以前长了。

教练把这些都看在眼里，也不说什么。等到第二次全组测验之前，才把他俩都叫到了办公室。教练说："你们俩的成绩最好，关系也最好。现在发生了什么事，我都知道。厚泽想赢没错，马宁超过你了也没错，你们都代表着咱们队最高的水平。竞争是好事，但是，为了你高我低，就撕破脸，不说话了。值得吗？"

教练严肃地看着李厚泽，他知道这个孩子的身体素质好，也很刻苦，他一心求胜，竞争意识很强，但是他也太争强好胜，这个特点迟早会影响他的训练成绩，所以教练打算借这个机会好好矫正一下他的思想观念……

## 【爸爸给儿子的秘密话】

俗话说："人外有人，山外有山。"一个出色的男孩在一个小环境里非常优秀，但是走出了这个环境，他还是最强的吗？答案毋庸置疑，不一定。人的精力是有限的，虽然男孩子的精力很充沛，但是人无完人，他也不可能处处比他人强。争强好胜的心态是好的，能激励男孩们积极向上，但是这种好胜心过了头就会给男孩的生活带来一定的不便。

男孩一定要知道，好胜心要有，但是不能过度。如果你一直争强好胜的话，就会养成和其人比的习惯，由于害怕别人超过自己而去努力，生活就会失去很多乐趣，因为一切的付出都是在一种压力的状态下进行的。这样的生活，即便自己成为最好的，甚至是唯一的，又能如何呢？你最终体会到的只是"高处不胜寒"的孤独和无奈。

孔子说："过犹不及。"什么事情都要坚持一个度，因此男孩要控制自己的好胜心，让自己快乐地成长。那么，应该如何控制好胜心呢？男孩可以做如下尝试：

1.不要总是把别人当作参照物。

把别人作为自己的奋斗目标是件好事情，但是要注意方法，不要以"一定要超过他"为目标，而应该是以取别人身上的优点来弥补自己的不足为目标。如果慢慢试着这样想，好胜心就会适当地减弱，你会发现在身上的包袱会一天一天变小，做任何事情都会很开心，很满足。

2.学会放松，这样才不会有过激的心理暗示。

控制“好胜心”的关键就是看你是怎么进行自我心理暗示的。当你知道“好胜心”过强会对自己的成长不利的时候，你就会试着去改变，内心就会产生不因为这种“过激”心态而影响自己的学习和生活。青春期的男孩需要明白，明白每个人都有自己的强项和弱项，不要太刻意地去逼着自己做一些让自己不开心的事情，这样你的好胜心就会控制在一个适度的范围内，就不会影响自己的心情和生活。

3.要有允许别人比自己强的心胸。

世界上最大的宽容，不是宽容别人的错误而是宽容别人的优点，也就是说允许别人比自己优秀。只有这样男孩才能在生活中让自己平衡，才不会因为别人比自己强而心生妒意。争强好胜的心也会在宽容中得到平和。

## 你没有什么让人看不起的

韩祥已经17岁了，可是和同龄的孩子比起来，他的个头是那么的矮小，黄黄的、稀疏的头发，一张并不英俊的脸上长满了红色的青春痘和褐色的小雀斑。

现在韩祥是学校有名的“才子”，他能写很优美的诗文，很多杂志都有刊载。他还会声情并茂地演讲，在很多演讲比赛中都获得了不错的名次。韩祥潇洒自信、机智幽默，特别受同学们的欢迎。

但是在以前，韩祥完全是另外一副样子。总是一个人精神萎靡地躲在角落里，长吁短叹。感叹命运的不公：世界上有那么多人那么完美，为什么偏偏自己会是一只丑小鸭？

因为对自己的外表很自卑，韩祥不喜欢去公共场所，学校里的活动也是能躲就躲。他总是设法躲避课间操，因为个子矮，每次他都是站在队伍的前面，这时韩祥会觉得特别丢脸。调座位时，他也不愿意和女生同桌，因为他总担心脸上的青春痘和雀斑会让爱干净的女生嫌恶。渐渐地，他把自己封闭起来了，做什么都畏首畏尾。

很庆幸，韩祥克服了自己的心理障碍，重新振作起来。在自我封闭的那段时间里，韩祥读了大量的课外书，通过读书他意识到，很多伟人都是不完美的。像拿破仑也是矮个子，却建立了雄霸一方的拿破仑帝国；鲁迅先生个头不高却是文坛巨匠；霍金瘫坐轮椅却成了“宇宙之王”。

一个人是否能赢得尊重和外表没有什么必然联系。意识到这点，韩祥对于脸上的痘痘和雀斑也不介意了。照着镜子端详自己：其实也没有想象中的那么差，长痘痘说明自己年轻，鼻梁上的小雀斑为自己增添了几分可爱。

走出自卑阴影的韩祥，用自己的才华和乐观赢得了同学们的喜爱和尊重。

## 【爸爸给儿子的秘密话】

进入初高中以后的男孩子基本上都处于青春期了，随着青春期的到来，男孩子们的身体和心理都发生了很大的变化，智力也是如此。不同的男孩就会表现出不同的特长，有的善于学习，有的善于和同学交往，还有的善于音乐舞蹈等艺术方面。所以，这时候，那些比别的男孩子较晚突出自己特长的男孩就会出现自卑心理。“我被全部世界遗忘了”等类似的想法和念头会常常在他们脑子里盘旋，这是青春期男孩子正常的焦虑，出现这样的焦虑该怎么办呢?

专家提醒，每个人都有他的强势和弱势，每个人的发展空间也都是很大的。人有所长，人有所短，所以，不要拿自己的短处和别人的长处比，找好自己的位置，努力去做就是最好的。

如果，你现在觉得自己没有被注视到，也只是时间和心态的问题，没有什么能够阻挡男孩子对未来的向往的。记住，只要努力，永远不会太迟。

## 儿子，请相信自己够勇敢

李哲是个男孩子，但是他非常的胆小：都6岁了还不敢一个人睡觉，一定要妈妈陪在身边才能入睡；7岁的时候还不敢坐转椅，也不敢打滑梯，他担心会从上面摔下来；9岁了，他还不能主动和别人打招呼，和大人说话的样子总是羞羞答答的。

长大了，李哲的情况要好些。只不过，在妈妈眼里看上去他很“窝囊”，他在与人交谈的时候表现得词不达意，而且面红耳赤；碰到老师不愿意打招呼，情愿绕道而行；在公共场合很少发言，即便是碰到了自己了解的话题，也轻易不发表言论；平时学习成绩挺好的，可是一到考试就砸锅……

就是这样的一个看上去很胆小怕事的男孩，后来迷上了玩滑板，他很喜欢在空旷的广场上驰骋的感觉。有一次，妈妈看到李哲站在滑板上飞驰的样子，第一次感觉到儿子居然这样的帅气。妈妈因为惊讶所以惊喜，狠狠地夸奖了儿子。李哲得到了妈妈由衷的赞赏，对自己也燃起了信心，后来也就不再是个“窝囊”儿子了。

## 【爸爸给儿子的秘密话】

男孩大多是地地道道的“小冒险王”，他们表现得有英雄情节，并且攻击性强，我们印象中的男孩永远都是在充满热情地去追寻自己想要的东西。

但是，生活中并不是所有的男孩都是这样的。也有很多家长抱怨自己的男孩并非如此，他们胆小、冷漠、孤独。李哲似乎比同龄的女孩还要胆小，一个小男孩怎么会那么胆小呢?

其实对于男孩而言，胆小并不是意味着绝对的软弱，男孩会从其他的方面找到自己释放能量的突破口，你不必过多担心自己的胆小。很有可能，男孩看似胆小的原因是没有发现让自己真正感兴趣的事情。事实上，男孩所谓的胆小，是完全可以克服的。

男孩应该勇于让自己克服胆小的缺点，成为一个有用的人。具体做法如下：

（1）多参加一些具有挑战性的运动，把自己置身于充满挑战的环境中，最容易让你学会挑战。

（2）做好应对挫折的准备。在遇到困难的时候，尽量自己想办法解决。

（3）有吃苦的精神。因为物竞天择、适者生存，这是自然界存在的规律。如果男孩没有过吃苦的体验，也没有吃苦的精神，将来就很难应付挑战，也难以在激烈的竞争中获得胜利。

（4）培养意志力。能够坚持到底，才能获得最终的愉快体验。

（5）多玩一玩。不要以为玩会耽误学习，实际上在玩的过程中你可以发挥自己的想象能力，更容易激发你的创造力和学习能力。

（6）进行自我保护训练。学习必要的安全知识，以防不时之需。

## 失败是青春的必修课

自从进入这所市重点高中以后，王浩就开始讨厌学习。其实，王浩在中学和小学时学习很好，经常在班上名列前茅，可自从进入市重点高中以后，王浩发现，班上的同学个个都很强，开学不久的一次考试将王浩推进了深渊。那次考试，他竟然有两门不及格，就连他最拿手的数学也只考了70分，这无疑是给了他当头一棒。

那次考试之后，他曾暗下决心，要努力学习，迎头赶上。但期中考试之后，他彻底绝望了，因为他又有两科不及格，总成绩也不高。班主任为此还专门找他谈了话，将他批评了一顿，班主任认为是他没有用功学习。其实，他已经很努力了，只是不知为什么成绩总上不去。之后，他索性破罐子破摔，经常不写作业，上课也不好好听讲……他看不到自己的未来，他不知道自己以后能干什么……

学业上频频失利使他产生了消极的认识，他曾经的“辉煌”都被现在的失利吞噬了。他否定了自己的能力，看不到自己的未来。

## 【爸爸给儿子的秘密话】

人们希望事事成功，然而，在现实生活中，常胜将军是没有的，在人生的道路上，失败是难免的。这是因为客观事物是纷繁复杂而又不断地发展变化的，关键问题就是尽量少些失败，多些成功，以及如何勇敢地面对失败。

失败是对一个人意志和人格的考验。没有勇气继续奋斗、自认失败的人，那么他所有的能力，便会全部消失。而只有毫无畏惧，勇往直前的人，才会在自己的生命里有伟大的进展。

男孩如果没有经受过失败的痛苦，就往往不能以正确的态度对待失败。与王浩承受同样痛苦的男孩们，试问一句：每次考试，都拿满分？人生一世，就无失败？因此，我们应该及早树立正确面对失败的态度。青春期男孩在面对学习、生活等方面的失败、挫折时，要做到以下几点：

1.要认识到失败在人生的道路上很难避免。

我们在思想上要有准备，如果准备好，承受失败的打击也就会更小。要鼓励自己勇于接受挑战，品尝到真正的成功。

2.坦然接受事实。

千万不要让失败日夜折磨自己的心灵。默默地接受这些事实吧，这会使你的情绪好一些，并且使你对将来抱有积极的态度。

3.尝试转变失败为成功。

常言道：“失败是成功之母。”这是指失败既是坏事，又是好事。我们要正确面对失败，就是要勇敢地面对失败，变失败为成功之母。不要总是自责，认为“我老是写不好字”“我真笨”“我太丑”，要勇于战胜困难。

4.不必太在乎外界评价。

如果过于在意外界的评价，就会经不起挫折。要从小学会努力，锻炼拼搏精神，这样，当你遇到挫折、困难、委屈、痛苦等，就能奋起努力，变失败为成功，也会对你今后的成长大有好处。

## 能吃苦的男孩将来能挑大梁

曹正奇同学是高一的学生，今年暑假他和爸妈商量了之后，决定自己在暑假的时候在小区附近的餐馆打工，用来勤工俭学，他在暑假赚的钱由自己支配。

以前经常来这个餐馆吃饭，但是当服务生还是第一回，正奇有点期待，也有点兴奋。期待的是跟学校不一样的生活，兴奋的是，他可以赚自己人生的第一笔钱了。现在还没开工，就已经开始期待发工资了。

开始的几天，正奇热情高涨，每天热情地招待客人，给客人拿菜单，递茶水，忙得不亦乐乎，快乐得像个旋转的陀螺，每天在餐厅里旋转，几天下来，基本熟悉了当服务生的全部工作。计算着每天的薪水，觉得自己虽然每天都比学校累多了，但是还可以，至少还有钱赚，而且大部分客人对他的服务都很满意，没有刁难过他。

但是，今天，他一不小心，把茶水倒到了一个客人的衣服上。那个中年女人尖叫着站起来了，大声嚷嚷："你怎么回事，没看见烫了我吗？"

正奇连忙道歉，不停地说着对不起，但是那个女人还不依不饶，拿起了一杯热茶就泼到了正奇的脸上，正奇的脸被茶水烫得火辣辣地疼，他从小都是泡在蜜罐子里长大的，哪有受过这样的委屈，他攥着拳头，怒气随时都会爆发，脸都被憋得通红。

老板赶忙过来调节，拉开了正奇。

正奇跟老板说他不干了，老板也没有生气，拉他坐下："正奇，知道你受委屈了。但是，这事忍一下就过去了，社会不是学校，谁让你受委屈，你可以找老师，老师让你受委屈，你可以找校长。到了社会，受了委屈，要学会忍耐呀！要不，没法生存。"

正奇答应老板，自己再回家想想，然后再决定要不要继续做服务生。他受了这么大的委屈，要掂量下自己是不是要继续下去，下次遇到这样的情况要怎么办，发怒能不能解决问题，适应社会真的要这样忍耐吗？

他还有许多问题都没有想明白，他要好好想想。

## 【爸爸给儿子的秘密话】

正奇的困惑也许能在一个小故事中找到答案：

一个研究《塔木德》的犹太学者，刚刚结束他的学习生涯，到艾黎扎拉比那里，请求给他写封推荐信。

“我的孩子，”拉比对他说，“你必须面对严酷的现实。如果你想写作充满知识的书，你就必须像小贩那样，带着坛坛罐罐，挨门挨户地兜售，忍饥挨饿直到40岁。”

“那我到40岁以后会怎么样？”年轻的学者满怀希望地问。

艾黎拉扎比鼓励地笑了：“到了40岁以后，你就会很习惯这一切了。”

这一则小故事流行于犹太人之间，他们用这样的故事教育后代苦难是不可避免的。苦难教育对一个人的一生影响深远，很多人总是逃避苦难，不愿意去品尝，但要知道，只有经历苦难，才能从苦难中汲取动力和能量，只有真正懂得苦难的含义，才能品出苦难赋予它的甜。

对于苦难，任何人都会有一种不由自主想要逃避的心理，殊不知，经历了苦难之后的生活才能更甜。

男孩子自小应该有意识地接受艰难困苦的磨炼，学会敢于面对挫折，不怕失败，以培养坚忍不拔的意志和毅力。经过在逆境中千锤百炼成长起来的男孩才能更具生存竞争力。

正视生活中的苦难，经受生活苦难的磨炼，男孩才能真正强大。

# 好性格成就你的好未来

“刘洋，加油！刘洋，加油！你是最棒的！”操场上传来了一阵阵的呐喊助威声。原来这里正在举行校运会，进行的是男子甲组3000米的长跑比赛，刘洋是高二（1）班最具实力的参赛选手，能否像上一届校运会那样为班级获得荣誉，全看刘洋的表现了，老师和同学们对他充满了信心，坚信他一定会蝉联冠军。

比赛前，刘洋做好了预热准备，他显得十分轻松，对自己充满了信心。他站在起跑线上，抖了抖手脚，等待着裁判的起跑枪声。“各选手请准备，预备，跑”，裁判员的枪声一响，起跑线上的运动员们，像离弦的箭一样，飞奔了出去。跑道上的同学们，大声地为自己班级的选手呐喊助威。“加油！加油！”“加油！加油！”的呐喊声响彻在整个操场的上空。比赛显得十分激烈，选手们鼓足了劲，一圈又一圈地飞跑着。此时的刘洋成了众人关注的焦点，大家都想一睹长跑冠军的风采。可就在他要冲刺的时候，意外却出现了，他与前面的一位同学发生了严重的碰撞，整个人狠狠地摔在了地上，他抱着膝盖缓缓地站了起来，神情凝重，显得很痛苦，他一瘸一拐慢慢地跑了起来，显然这次他伤得很严重。此时，班主任跑向前去，对他说：“伤得这么严重，我们去医院检查检查吧！”同学们见后也纷纷追了上来。刘洋听后：“老师，放心吧！没有那么严重，就算是走，我也会走完全程，绝不半途放弃。”班主任和同学们听后，为他响起了热烈的掌声，“刘洋，好样的！我们永远支持你！”“我们一起陪刘洋跑到终点！”

刘洋笑了笑，继续咬紧牙关艰难地一步一步地迈向终点。此时，所有的运动员们都已经跑完了全程，他们达到终点后，又返回来陪伴着刘洋，为刘洋加油鼓劲。操场上所有的同学都大声地齐呼：“刘洋，加油，你是最棒的，你就是我们心目中的冠军。”“加油，加油！”

刘洋在受伤无法跑完全程的情况下，他凭借着自己顽强的意志力和坚持不懈的精神，一步一步地迈向了终点。这种坚忍不拔的性格，让他成为老师和同学心目中的英雄。

## 【爸爸给儿子的秘密话】

戏剧大师莎士比亚曾说：“性格决定人的命运。”理学家们认为，性格是人的个性的组成部分，是个性中最重要的心理特征，在个性中起着核心作用。它与兴趣、能力等其他个性特征的关系极为密切。

良好的性格能给人带来事业的顺利、人生的辉煌。当代杰出女作家冰心，一生淡泊名利，生活上崇尚简朴，不奢求过高的物质享受。文坛上无谓的斗争，与她无关，她在平和的环境中与人相处，在微笑中勤奋写作。她的健康长寿、事业辉煌都得益于开朗、豁达的性格。

不良的性格则让人抑郁悲伤，以致自毁人生。《红楼梦》里才貌双全的林黛玉，就是因其性格多愁善感，忧郁猜疑，终于积郁成疾，呕血而死。

不同的性格塑造着各种不同的人生。性格虽然具有较大的稳定性，但也可以自我改变、自我培养、自我塑造。改造性格需要通过内省了解自我性格的优点与缺点，以便确定改变的方向。只要青少年朋友有恒心、有毅力，在日常生活中坚持不懈地改造内在的自我，就一定能够塑造出完美刚毅的好性格。

青春期男孩要想拥有一个美好的未来，拥有一个自己期望的好生活，那就必须首先塑造好性格。优化性格，就必须找出应该改正的一面，然后认识它、掌握它、控制它，最终改变它。

## 任何时候都要守护你的尊严

黄同光终于还是忍无可忍了。当那个“王子哥”又开始“耀武扬威”时，大家都知道，又一场“心理战”开始了……

“王子哥”是二班有名的“公子”级人物。由于家庭经济特别富裕的原因，“王子哥”每天上下课有专车接送，在家有保姆打理，自然养成了他高高在上的优越感。这种优越感在他那个事事惯着他的家里倒是没什么特别，但在学校里，自然引起同学的不满。

这一次，“王子哥”依旧像往常一样，随手拿了后桌黄同光的书就翻起来。翻着翻着一不小心扯下一页来，好学生黄同光保养得干干净净的书就这么生生少了一页。

黄同光一看就急了：“你就不能小心一点吗？”“怒什么，不就是本书嘛，给你钱。”说着甩出二十块钱来，满脸不屑地看了黄同光一眼。

周围的同学都愣住了。虽说“王子哥”一向高傲，自视清高，“了不起”得很，但甩出钱来“明晃晃”地摆阔还是头一次。这一举动，无疑对黄同光是莫大的侮辱，平日里从不发火的黄同光终于忍无可忍，立即从位置上站起来，把钱甩回给“王子哥”，厉声便道：“没人要你的钱！钱能买，尊严不能卖。”

## 【爸爸给儿子的秘密话】

自尊，也称自尊心，是一种自己尊重自己、爱护自己，并期望受到他人和社会的尊重与爱护的心理。自尊心是人们前进的动力，是一种积极的心理品质。

自尊，是人的一种美德，是无价的，是人最珍贵的、最高尚的东西，因此，我们可以贫穷，但我们不能失去做人的尊严。

一个人如果没有自尊，他就会自卑，就不会爱惜自己，就会自暴自弃，什么也干不成。

一个人如果没有自尊，就不会自重自敬，就会盲目服从，人云亦云，没有自己独立的思想和主见，因此，其骨子里散发的就只有“奴气”。如此的人，怎么让人正视、尊重？“自敬，则人敬之；自慢，则人慢之。”这是一条千古颠扑不破的真理。

当然，自尊不等于唯我独尊，不等于刚愎自用，更不等于自负、自夸、自命清高。一个人若总是过于自爱自贵，最后总会遭受失败。

青春期男孩们，无论今后是春风得意，还是贫困、潦倒，你都要保持做人的尊严，唯有你自己自爱、自尊、自敬，才会得到他人的尊敬。因为，你把自己看成什么样的人，你在别人的眼里就是什么样的人。

PART 7

# 避开青春禁区，管好自己就能飞

——说给自律自控的你

步履蹒跚的青春，有时像一轮冉冉升起的朝阳，充满了无限的活力、朝气、希望；有时又像一艘难以驾驭的航行在茫茫大海里的小船，随时都有遭遇风暴袭击的危险。

儿子，人生之路最终要靠你自己去走。成长的路上有很多禁区和暗礁，你要擦亮自己的眼睛，提高自己的防范能力，约束自己的不良行为，远离社会的不良风气。校正方向不迷航，管好自己才能飞！

## 抵制对网络游戏的迷恋

18岁的小凯原本应该坐在宽敞明亮的教室和老师同学们一起学习，接受各种新的知识，新的文化。可是现在的小凯却只能在铁窗后面流着悔恨的泪水。

小凯从初中二年级的时候就开始进入网吧玩游戏，平时玩玩“诛仙”“梦幻西游”之类的。心情不好的时候，还会玩一些恐怖暴力的游戏。觉得在游戏里打人杀人特别刺激，在那一刻仿佛所有的烦恼都消失了，忘了繁重的功课，忘了和父母的隔阂，也忘了和同学的矛盾，取而代之的是一种强烈的快感。

迷上网络游戏的小凯，成绩一塌糊涂自是不必说了。不论课上课下，醒着还是睡着，脑子里总是不断地浮现游戏中的画面。“杀死他，抢他的武器。”连睡梦中的呓语都是关于游戏。

有一次，小凯又到网吧玩游戏，在网上与一个人争执起来，气愤得不得了。后来发现两个人竟同时在同一个网吧里。小凯走上去，揪住那人的衣领就把他摁倒在地。这时候，脑子里一下就浮现出游戏中杀手酷酷的打人杀人的场面，就学着游戏中的样子，拳打脚踢，甚至还摸出了随身携带的匕首，丧失理智的小凯挥出了匕首……

幸亏保安赶到及时制止了他，但是那个人已经被刺成重伤。在游戏中“走火入魔”的小凯就这样走进了监狱。

就是因为沉迷于不健康的网络游戏，慢慢地，小凯分不清虚幻和现实。自己原本可以利用那些时间和精力做很多有意义的事情，可是现在只能在监狱里悔恨流泪。

## 【爸爸给儿子的秘密话】

网络游戏的虚拟性、隐蔽性和交互性，使青春期男孩在网络游戏中能够随心所欲地宣泄自己的情感，做出现实社会规范所不允许的事情。遇到现实问题首先想到用游戏中的规则来认识和解决，无视社会现实和社会习俗。且其大多以“暴力、凶杀、色情”为主要内容，长期玩飙车、爆破、枪战等游戏，火爆刺激的内容使游戏者模糊道德认知，人格异化引发道德沉沦、行为越轨，甚至导致违法犯罪的问题增多。

沉溺于网络游戏，将自己置身于虚拟的环境中，会使自己缺乏人际交往，逃避现实，心理产生自闭倾向和畸化，与社会和现实格格不入，又极大地浪费时间和金钱。

网络游戏会像吸食精神鸦片一样，使你丧失理性，脱离法制约束，丧失了人与人之间的真诚，甚至会使自己走上人生歧途。因此，青少年在思想上首先要铸起牢固的防线，提高明白是非的能力。想抵制对网络游戏的迷恋，可做以下尝试：

（1）游戏无限，时间有限。网络游戏不是人生的理想和目标，而是调节生活的手段和方式，两者不可错位。

（2）培养科学、健康的兴趣和爱好，把对电脑的兴趣转移到网页制作、网站建设、动画制作、电脑编程等网络知识方面。学会利用网络获取知识、获取信息、培养创造力，学会利用网络进行科学研究，学会利用网络资源提高学习效率。

（3）树立起科学的闲暇意识和闲暇态度，合理地安排自己的闲暇活动。热爱大自然，忘情于阳光、沙滩、海浪、草地、森林之中，在自然中培养情趣，放松身心。

（4）善于发现生活中的乐趣，树立比网络游戏更重要的目标，如朋友间的情谊，完成某一项探索活动等。

（5）遵守网络公共道德规范，严格自律，杜绝上不健康的网站。遵守未成年人不得进入网吧的规定。

## 不要在网上随意交友

常利这几天只要一听见家里的电话响，就心惊胆战的，生怕又是那个讨厌的声音。现在常利真后悔，不应该随便把电话号码告诉别人的。

原来常利被一个名叫“芊草”的女网友给缠住了，几乎天天打电话和常利聊天，约他见面。爸爸妈妈怕影响常利学习，在接电话时告诉女网友，常利还是学生，不要影响他的学习。没有想到，女网友竟然义正词严地对常利的爸爸说：“每个人都有交朋友的权利，你没有权利干涉我们！”她的话令常利一家哭笑不得。

这个网友有时半夜会突然打过来电话，家里以为出了什么急事，就慌慌张张地起床接电话，因为这个有一次，妈妈起床接电话时还摔倒了。接起电话一听竟然是那个女网友要常利出去看月亮。

这个网友令常利一家头疼不已，常利觉得很抱歉。

事情是这样的，原本不太聊天的常利最近迷上了QQ聊天，在网上碰到了“芊草”。芊草语言幽默，性格豪爽，两人越聊越投机，常利就告诉了“芊草”学校地址，家庭电话。

常利还和“芊草”见了面，没有想到，“芊草”竟然是一个30多岁的妇女，现实中的谈吐举止和网上差别巨大。见面后常利就把她从好友里删了。没有想到，网上联系不到常利后，她开始天天往他家里打电话，还要去学校找他做朋友。

网友不断骚扰，给一家人带来了很大的困扰，现在爸爸妈妈已经决定报案了。常利现在后悔极了，没有想到自己随便交网友竟然给自己和家人带来了这么大的麻烦，以后一定不敢随便交网友了。

## 【爸爸给儿子的秘密话】

青少年正处在青春期，这个时期的他们渴望友谊和交流，网上聊天给了他们倾诉的空间和对象。但是网上也有陷阱，对于天真单纯、涉世不深的青少年，特别是一些爱幻想、充满了好奇心的男孩来说，稍不留神，就会掉进对方设好的陷阱。

青春期男孩缺乏社会经验，对危险估计不足，结交网友不慎，会对自己的身心健康造成伤害。

青春期男孩在网络上交友时，需注意以下几点：

（1）时刻保持警惕，不要轻信他人。

（2）不要告诉网上的人关于你自己和家里的事情。网上遇见的人都是陌生人，所以你千万不可以随便把家里的地址、电话、你的学校和班级、家庭经济状况等个人信息告诉你在网上结识的人。

（3）密码只属于你一个人。所以不要把自己在网上用的名称、密码告诉网友。

（4）不轻易相信网上的人讲的话。任何人在网上都告诉你一个假名字，或改变性别等。你在网上读到的信息都可能不是真的。对于那些不停索取私人通信方式，或主动给你QQ、电话等的人，一定要慎重对待。

（5）不邀请网上结识的人来自己家，尤其是当你单独在家时。

（6）面见网友，要选择公共场所，并告知他人，或让亲友陪同前去。

（7）见面时要察言观色。不可能通过网络了解一个人的真实背景或真正性格，所以见面时要随时观察对方，防止发生意外的情况。在任何情况下都要确信自己的判断，确认他人的行为是否会伤害到自己。

网上交友，会影响正常的学习，干扰正常的生活，甚至会带来严重的负面效果。青少年要慎重对待网上交友，不要轻易上网交友，慎重交网友，以免给生活留下隐患。

## 文身不是酷，是对青春的残酷

陆青有个从小一起长大的朋友，那个孩子很早就辍学了，经常和社会上的小混混们在一起厮混，暑假的时候，他来找陆青玩，他的胳膊上文了一条龙，黑色的龙纹在胳膊上盘旋，看起来就像电视里那些跟古惑仔。

那个朋友极力地向陆青炫耀自己身上的文身，那是多么地帅呀，这文身就是用来证明自己年轻过，也疯狂过。

陆青家教一直很严，爸爸妈妈对陆青的要求很多也很细，陆青一直是个乖孩子，规规矩矩地上学、放学回家，朋友也不多，而且妈妈还禁止过他和这个朋友交往，只不过他们是从幼儿园就认识的小伙伴，妈妈也没有强行反对他们的来往。

看了人家胳膊上的文身，想起来电影里那些帅气的打斗镜头，还有那些黑社会电影里一个个疯狂的文身，陆青真的心动了。他想着，我长这么大了，怎么也该自己做主了，好歹也给我自己留下点青春的礼物，就当是纪念也好。

他开始询问那个男孩关于文身的事情。那个男孩见他对文身感兴趣，急忙热心地推荐了几个可以文身的店铺。他热情地要带陆青立刻过去文身。

但是陆青明白，对于他从小受到的教育来说，文身绝对是不被允许的。他还很犹豫，要考虑一段时间才能决定。所以就让他的朋友先走了，自己一个人开始思考文身的事情。他甚至在晚上查看了大量的文身图片，还有一些关于文身的资料。他的心里蠢蠢欲动，发誓要给自己的青春留下个大大的印记。

陆青怕被父母发现，内心不断挣扎。他思前想后，又觉得自己也不是那种在社会上混的人，好像没必要文身，如果被学校发现了，肯定还得被处分。而且，听说文身就是用针将墨水刺进肉里，很疼很疼。他甚至想要不要用掷硬币的方式来做决定。

## 【爸爸给儿子的秘密话】

要文身吗？这不仅是陆青一个人的问题，相信很多男孩子在这个阶段都曾热血沸腾地想要去文身。喜欢看香港警匪片的青少年会发现，片中很多男性身上都有文身，或龙或虎或豹，抑或是某个情人的名字。文身似乎成了某一个特定群体的象征，象征自己的虎胆英雄。而喜欢看明星演唱会的孩子也不难发现，出场的明星也往往是金发闪耀，光彩夺目的。

走出电视，走在真实的生活世界中，你依然能够很轻易地发现身边很多文身的人。文身现在越来越成为一种时尚，一种艺术，一种文化，也渐渐成为新新人类彰显个性的一种方式。在生活里，他们确实看起来很另类，很吸引人眼球。可是你知道吗？在文身的背后，他们也要付出很沉重的代价。

光鲜的表面隐藏的，是你不知道的伤害。关于文身后的遭遇，网上曾经流传这么一个说法：“想当兵就不能；想找个好老婆，女孩儿家人不干；走路上说你是小流氓；找工作说你是混混。”这几句话真的说出了那些文身者的内心隐痛。

文身的时候，不仅要忍受皮肤割裂的疼痛，同时，你也没有办法保证文身的工具是否已经经过了严格的消毒。最近常有新闻报道这类店因为没有经过正规的消毒程序而导致顾客感染上很多传染病的事例。因此，文身的过程其实是存在很大风险的。

同时，一旦在身上文了图案，那这些图案就会伴随你一生，即使自己后来不喜欢了，但是目前为止也没有什么方法能够完全干净地将这些图案去除。毕竟中国现在还没有开化到文身不影响学习、工作的程度，文身在很多时候都会影响到你的未来前途。因此，青少年要正确看待文身，不要轻易去文身，以免给自己的身心、学习、交际带来负面的影响。

## 盲目追星，会追丢了自己

陈跃是个追求时尚的男孩，他的房间里到处都张贴着歌星的海报。这一两年，他迷恋周杰伦，周杰伦的每张新唱片他都第一时间去买下来。

他还把周杰伦的歌词都写在自己的日记本里，没事的时候就哼唱周杰伦的歌。家在南方的他，甚至跟爸妈申请参加周杰伦的北京演唱会。爸爸妈妈以路途远、影响学习的理由拒绝了他的要求，他决定偷偷地攒钱去北京看周杰伦的演唱会。他是周杰伦的铁杆粉丝。他要践行自己铁杆粉丝的身份。他觉得能见上周杰伦一面，是自己最大的愿望了。

爸妈也知道儿子喜欢周杰伦，他的歌都会唱，每天都在关注娱乐新闻上周杰伦的动向，开口闭口我的偶像怎么样。他们有些担心儿子会不会因为追星而影响学习，却苦于找不到跟儿子可以协商的点而苦恼。

有一次，老爸问陈跃，你到底喜欢周杰伦什么地方呢？

陈跃边放CD边跟老爸念叨周杰伦的歌多么优美动人，周杰伦的音乐多么让人有共鸣，周杰伦的一切都那么美好，甚至他的每件衣服都看起来那么好看。

老爸纠正说，那是你喜欢他的歌，但是，他这个人呢？要想成为你的偶像，你总得对他的人品有所了解吧。

陈跃这可来了精神，既然老爸要深入了解周杰伦，那么作为一个周杰伦的粉丝，怎么能不表现一下呢？

他开始讲述周杰伦的成长历程和在这几年里取得的成就，以及这些成就背后的付出。

老爸听得也感动了。原来周杰伦也是经历了一番磨难，儿子不是像自己想的那样没头没脑地跟着别人瞎追星。

最后，陈跃还安慰老爸："你放心你儿子啦，我自己有分寸。我就是喜欢周杰伦的歌还有他身上的拼搏精神。要不然怎么歌坛那么多明星，只有他最受欢迎呢？"

老爸点了点头，又摇了摇头，看来儿子追星的事情，不能严令禁止，但是究竟该如何引导呢？这成了陈爸爸的一个大难题，他还要好好考虑。

## 【爸爸给儿子的秘密话】

在20世纪，人们崇拜的偶像是雷锋、保尔·柯察金。而现在，青少年所崇拜的偶像，则换成了比尔·盖茨、乔丹、刘德华、周星驰、周杰伦等亿万富翁或体育界或影视界明星。时代的变迁，印证了这种替换。

不管是体育明星还是娱乐明星，这些偶像可给少男少女的精神世界带来极大的向往和幻想，甚至沉湎于对他们的追逐和依恋当中，不能自拔。许多青少年一味关注明星们的帅、酷、炫，八卦或绯闻，名声或金钱，从而导致悲剧、闹剧的发生。

其实，崇拜明星并不是一件坏事，重要的是要知道如何崇拜才最正确。我们应该看到明星们最杰出的地方，我们更应该学习明星的精神或优点，使学到的融入自己的生活当中，与我们自己的实际联系，确定我们的奋斗目标。

所以，青少年在追星的时候要有一个理智的态度，把握好分寸。我们所崇拜的应该是真正值得崇拜的。他不是徒有其表，而应该有高尚的人品和超凡的气度；他不仅仅能吸引我们的目光，更应该能震撼我们的心灵。而我们也要从这些优秀的偶像身上吸取积极的人生经验。

最好不要滥花时间和金钱在追星上。要知道，别人的光环不会罩在我们的身上，追星本身并没有什么可以夸耀的，更不应该成为我们生活的全部。

我们还应热爱自己。每个人都是独一无二的，明星自有风采，我们也要保持个性、本色。

最后还有一点，就是要摒弃狭隘心态，我们不能因为别人的偶像与自己的不同，就对他人持排斥甚至敌对的态度。

追星，不是不可以，只是不要盲目，不要在追的过程中丢了自己。

## 奇装异服不等于“帅”“酷”

上学的路上，几个帅气个性的男孩儿骑着山地车呼啸而过，站在路旁等车的黄文斌看到后，心里羡慕得不得了。“真帅，我要是也能那样子，大家就会更加佩服我了。”黄文斌的成绩在班里很好，大家都知道他脑子好使，连老师都说他比别人聪明得多。黄文斌对此也有点洋洋自得。不过黄文斌觉得，成绩好还不算完美，应该在“别的方面”也很突出才对。看到刚刚风驰电掣骑车过去的几个人，黄文斌心里有了主意。

星期天的时候，黄文斌没去上补习班，偷偷溜去了商场。他用自己的零花钱，比着昨天看到的那几个同学的样子，买了一套衣服，又去发廊做了头发，出来后来了个一百八十度的大变样。因为爸爸妈妈出差，只有奶奶跟他做伴，所以回家后除了被奶奶唠叨了几句，就没什么了。

星期一，黄文斌在去学校的路上，总觉得不自在。进学校后，看到进进出出的同学，像平常一样，对他并没有太多关注，黄文斌有点失望。等到走进教室，大家都在低头看书，只有几个同学抬头望了望他显得有点惊讶，黄文斌觉得更不自在了。第一节数学课，黄文斌回答问题后，老师开玩笑地说了句“黄帅哥，请坐”，全班哄堂大笑。黄文斌恨不得马上赶回家把衣服换掉。

星期二，黄文斌的爸爸妈妈都回来了，看到黄文斌像往常一样，就问黄文斌这两天有没有犯错误。一身学生装的黄文斌一边说当然没有，一边向奶奶使眼色。奶奶笑着说："咱们文斌帅了一把，又被同学笑得换回去了。"爸爸妈妈听了哈哈大笑，黄文斌又气又羞地回房间了。

## 【爸爸给儿子的秘密话】

受影视和广告的影响，现在个性和帅气为男孩子所热衷，都想成为"帅哥"。这本是件无可厚非的事，但是，凡事都有个度，否则会过犹不及。

由于青春萌动，青春期的男孩子具有爱美之心是很正常的，所以，一些男孩子就会模仿影星歌星们做一些酷动作，说一些流行语，最常见的是服装上的追星。看一部电影、电视剧或一个广告，觉得演员们穿着帅气了，自己也想模仿，于是，校园里奇装异服就多了起来。

在以前，穿奇装异服是不允许进入学校的，但是，在现在提倡个性的时期，稍微穿得潮流一些是被认可的，还会表现出一个人的审美趣味。但是，很多男孩子穿出了奇装异服，有的是在裤子上挖个洞，有的穿着色彩怪异，有的甚至背个鬼头在后背上，等等，这样的例子不胜枚举。

奇装异服的屡见不鲜，夺去了人们欣赏纯真的机会。在初、高中里，一群青春期的男孩子，是朝气，年轻、生命力的象征，他们的笑容应该是透明的春天的颜色，是欣欣向荣的感觉，而这些奇装异服的泛滥，让青春期的男孩子过早地失去了青春的纯真。特别是那些在膝盖上挖洞的裤子，天凉时很可能会导致关节炎等疾病。

在最美的年龄里，无须修饰就胜过一切的修饰，年轻就是最大的美。所以，青春期的男孩子，请珍惜你最纯真的美，树立自己的审美观，别被外界牵着自己走路，要有健康和谐的审美趣味。要知道，奇装异服不是帅，不是酷。作为中学生，最大的帅气来自对知识的追求，对美好品质的追求。

## 吸烟不表示你有男子气概

于宾是一名高二的学生。自从上高中后，于宾的个头猛长，转眼间小不点长成了高大的男子汉。长大了的男子汉可以帮助别人做很多事情了。他能轻松地给家里换灯泡，换煤气；在学校大扫除时帮助女同学擦高处的玻璃；在外边遇到不平事也挺身而出。这些事情都让于宾觉得自己长大了，是个有担当的男子汉了。

周末家庭聚会时，见到许久未见的表哥。表哥从小学习成绩就好，现在在一所名牌大学念书，家里的亲戚总是教育于宾要向表哥学习，爸爸妈妈还要于宾考和表哥一样的大学。的确，表哥不仅博学多才，还外貌英俊，性格开朗，有很多女孩子喜欢他。现在的表哥更帅了，留长的头发，时尚得体的衣服，优雅的谈吐，这些都令于宾羡慕不已。

于宾滔滔不绝地和表哥谈了很多学校的趣闻，也向表哥抱怨物理有多难，食堂的饭菜有多差。表哥边微笑着倾听边从口袋里抽出一根烟点燃了。表哥帅气地用手指夹着香烟，悠闲地向外吐着烟圈，于宾不觉看呆了。家里爸爸不吸烟，也不允许他碰烟，学校里更是视烟为洪水猛兽。他从来没有想过吸烟可以这么帅，可以这么有男子汉气概。

回到学校后，脑子里不断浮现表哥吸烟的情形。于宾暗暗想：自己吸烟应该也和表哥一样帅，而且听说很多同学都偷偷尝试过呢，我也一定要试试。

于是，于宾买了一包烟，上厕所的时候在厕所里偷偷地学着抽，刚开始总觉得自己做了什么见不得人的事，总有一种罪恶感。后来竟然在厕所里认识了几个“烟友”，一下就觉得自己比其他同学要成熟，一种“优越感”油然而生。

慢慢地，周围的很多同学都发现于宾抽烟了。可是令于宾没有想到的是，吸烟不仅没有给自己增加男子汉的魅力，反而损坏了自己的形象。现在很多同学都用异样的眼光看自己，有些女同学甚至躲着自己，似乎自己是什么怪物。

体会到被孤立的滋味，于宾下定决心：一定把烟戒掉，以后再也不吸烟。

## 【爸爸给儿子的秘密话】

目前，青春期男孩抽烟的比例上升较快。有的人以为吸烟的人才有派头儿；有的人出于好奇，抽着玩的，竟成为“老烟民”；有的人想戒烟，但总是以写作或要研究问题为借口，烟不离口；甚至有的人睡在床上也要抽支烟，以至引火烧身，悔之莫及。

吸烟的危害是很多的，不仅影响身心健康，还影响学习，更浪费父母的钱财。目前社会上并没有把抽烟作为一种恶习进行挞伐，但是青少年还是不要染上吸烟的习惯。

下列建议，有助于已经开始吸烟的男孩戒掉吸烟的习惯：

首先要加强戒烟意识。戒烟的过程中，人们总是感觉不太舒服，要有这种意识，即戒烟几天后味觉和嗅觉就会好起来。

同时可以寻找替代办法。戒烟后的主要任务之一是在受到引诱的情况下找到不吸烟的替代办法：做一些技巧游戏使两只手不闲着，通过刷牙使口腔里产生一种不想吸烟的味道，或者通过令人兴奋的谈话转移注意力。

学会转移注意力。尤其是在戒烟初期，多花时间、精力从事一些会带来乐趣的活动，以便转移吸烟的注意力，晚上不要像通常那样在电视机前度过，可以听音乐，出去运动、散步，上因特网冲浪。

尽量少参加聚会。刚开始戒烟时要避免受到吸烟的引诱。如果有朋友邀请你参加聚会，而参加聚会的人都吸烟，那么至少在戒烟初期应婉言拒绝参加此类聚会，直到自己觉得没有烟瘾为止。

最后，要经受得住重新吸烟的考验。戒烟后又吸烟不等于戒烟失败，但要仔细分析重新吸烟的原因，避免以后重犯。

## 酗酒不是成熟的表现

刘铭是高二七班的班长。他为人热情正直，对班级工作积极负责，得到了老师的信任和同学们的喜爱。

有一天，刘铭看到同班的张华手上绑着绷带，脸上似乎也有伤痕。刘铭就关心地询问张华，张华吞吞吐吐只说是自己不小心碰伤的。看到张华不愿意说，刘铭也就不好问了，只是在私下里打听。

原来，张华的伤是酒后和别人打架所致。在高一暑假和同学聚会时，张华就学会了喝酒，并且不知什么时候认识了一帮“酒友”。这帮朋友没事就聚在一块儿喝两杯，刚开始的时候，张华还是应付朋友，可是到后来自己也迷上了喝酒。考试考好了得喝酒庆祝一下，情绪不好了得以酒浇愁。

刘铭觉得问题严重，就直接找到张华。“你是不是喝酒？这违反了学校的纪律。”刘铭顿了一顿，“我们这么大正是长身体的时候，喝酒不利于生长发育的。而且喝酒很容易出事的。你看，你不是都受伤了吗？”张华很厌烦：“没事，我有分寸。”刘铭见张华不听劝便把事情报告给了班主任。

班主任很重视，他严厉地批评了张华，讲了酗酒的诸多坏处。可是张华却觉得老师小题大做。他心里嘀咕：都这么大了，喝点酒算什么？

有一天，终于出事了。酒后的张华骑着自行车在马路上飞奔，由于脑子不清醒，竟然撞到路旁的垃圾桶上，结果摔得大腿骨折还伴有脑震荡。现在的张华连生活都不能自理，只能卧床休息。

高中时间那么紧张，自己却只能躺在床上忍受痛苦，一想到这些张华就很后悔：自己不该学着喝酒，不该不听班长和老师的话。张华暗下决心：从今天起再也不沾酒。

## 【爸爸给儿子的秘密话】

古今中外，人们大多都爱酒，无酒不欢。酒虽然是交友叙怀的陪伴品，可一旦嗜酒成癖，成为陋习，就会滋生很多是非。如今也有许多青春期男孩认为饮酒是交友的好办法，而热衷于聚会狂饮，或结交那些酒肉朋友，最后导致是非不分，良莠不辨，惹出祸端。

嗜酒的危害是严重的。青少年正值发育的黄金时段，对酗酒的危害不可小视，一定要改掉酗酒的恶习。已经沾染喝酒习惯的男孩，可采用下面一些方法来戒酒：

可以选择认知疗法。通过影视、广播、图片、实物、讨论等多种方式，让自己端正对酒的态度，正确认识酗酒的危害，从思想上坚决纠正饮酒成瘾的行为。

也可以借助药物戒除酗酒习惯。由于饮酒是一种成瘾行为，需要相当努力才能把这种习惯改正过来。有时候借助药物的帮助也是必要的，这样能够提高戒酒成功率，对于青春期男孩来说，采用这种方法必须事先征求医生和家长的同意。

还有一种厌恶疗法。这是一种行为矫正方法，其目的是在饮酒时不但得不到欣快感觉，相反产生令人痛苦的体验，形成阴性条件反射。想想醉酒后的痛苦感觉和可能引起的不良后果，会起到一定的作用。

亲友治疗也不失为一种好的方法。让家人、朋友帮助自己，树立起戒酒的决心和信心。

## 赌博，是拿你的青春作赌注

王锋最近上课注意力总是不集中，还瞌睡连天。

早上九点，语文课上，林老师正在声情并茂地讲述《背影》，讲台下很多同学眼里已经泛起泪光，老师对学习效果很是满意。眼光一瞥，竟然看见王锋趴在桌子上睡着了。“文中一共描写了父亲的几次背影，分别表达了作者的什么感情，王锋同学，你来回答一下！”老师提问道。觉得同桌在晃他，王锋睁开迷蒙的睡眼，看着同桌怔怔地问道：“下课了？这么快！”全班哄堂大笑。

课后林老师把王锋叫到办公室严厉地问他：“最近怎么回事，上课总是瞌睡，这几天的作业都很潦草，上周的作文都跑题了！出什么事了吗？”王锋嗫嚅道：“我……我最近睡得有点晚……上课就犯困。”老师一听觉得有问题，于是接着问：“那你晚上都干什么了，为什么不早点睡呢？是作业太多还是看电视看得太晚？”“都不是，就是……家里妈妈他们打麻将，有时候人不够……拿我凑数。”王锋小声地说。

原来，王锋的妈妈最近迷上了麻将，吃过晚饭后，就在家里摆牌局。写完作业后，王锋偶尔也会过去看看，觉得很新奇。刚开始爸爸妈妈不让他看，怕影响他学习，时间长了没发现什么异常也就不管他了。有时候牌瘾上来，“三缺一”的时候还会拉王锋凑数。王锋玩麻将只赢钱不输钱，因为大人们都不要他的钱，他还用自己“赚”的钱买了心仪已久的飞机模型，为此他很是得意。

慢慢地，王锋也渐渐痴迷打麻将了。放学后潦草地把作业写完，就等着妈妈他们打麻将。妈妈他们一般都能玩到凌晨以后，虽然王锋被强制回房睡觉，但是听着外面搓麻将的声音心里就痒痒的，在床上一直翻腾到牌局结束才能入睡。白天上课时，除了打瞌睡就是回想昨天晚上的牌局。

林老师意识到问题很严重，当即教育了王锋并马上找到了王锋的父母。爸爸妈妈没有想到自己的娱乐活动给孩子带来了这么坏的影响，当即保证再也不让王锋接触麻将。

## 【爸爸给儿子的秘密话】

赌博是以扑克、麻将等为工具，用财物作赌注争输赢的行为。目前，在青少年之中，这种不良行为具有很高的发生率。大量事例证明，青少年赌博的危害性极大。

俗语说得好："赌博赌博，越赌越薄。"就是这么一个让人越来越"薄"的"赌"，使一些孩子走向了歧途。因此，青春期的男孩有必要来认识清楚赌博的危害。

青春期男孩赌博往往会导致学习成绩下降，并会诱发失眠、神经衰弱、记忆力下降等症状，造成心理素质、道德品质下降，伴随而来的是社会责任感、耻辱感、自尊心都会受到严重削弱，更严重的是赌博还会导致违法犯罪，现实生活中有许多男孩因为赌博引起暴力犯罪。

既然认识到了赌博的危害性，那么，陷入赌博中的问题孩子该如何与赌博说再见呢?

首先认识到赌博的危害性。寻找丰富的娱乐活动，比如钓鱼、看书、打球等，来代替赌博这种娱乐活动。

同时应该认识到十赌九输的特点。不要抱有侥幸心理，输了别想去捞回，赢了不要还想赢。平时生活中避免出席任何赌博场合，培养其他可取代赌博的娱乐活动，打消赌博的念头。

青春期男孩可以选择定时做运动（如缓步跑）及学习松弛的技巧（如冥想或瑜伽），或进行休闲活动（如听音乐、与朋友逛街），借此驱走闷气，舒缓紧张的情绪。

赌博是一种习惯性行为，戒除赌博不容易，但如果你拥有坚定的意志，那么你就一定能够克服赌博问题。

## 珍惜花样年华，远离“生命毒剂”

陈铭偶然的机会认识了同学晓刚的表弟，那个男孩很早就不上学了，每天在街上和一些小青年混在一起，每天无所事事，就在各种娱乐场所出没。暑假的时候，陈铭和晓刚都挺无聊，晓刚的表弟就提出，带着他们去寻找好玩的东西。两个初中生禁不住那个男孩的诱惑，就跟着他去了一个废旧的车库。

那个车库里还有几个和他们年龄相仿的男生，穿着破洞的牛仔裤，有的赤裸上身，还能看见胳膊和背上的刺青，还有手臂上烟头的烫伤。陈铭心里打鼓，想回家了。晓刚却拽着他说，看看到底有什么刺激的东西。

晓刚的表弟跟自己的那群哥们介绍了陈铭他们，就从车库里面一个破桌子里拿出了一个小瓶，里面是白色的药片。他拿出一片吞了下去，然后递给了晓刚和陈铭，要他们尝试一下这个刺激的药片。

陈铭觉察出了异样，坚决不吃，他拉着晓刚就走。他突然觉得那就是那些摇头丸之类的。晓刚的表弟忙劝说，让他们可以体验一下那种成仙的感觉。看着晓刚动心了，陈铭非常着急。他必须劝说晓刚，阻止他尝试这些“刺激”的药片……

## 【爸爸给儿子的秘密话】

“白色瘟疫”“生命毒剂”“头号杀手”……对于毒品，任何一种表述都不为过。这种轻则害己毁家，重则祸国殃民的东西，21世纪的今天，正如洪水猛兽般侵袭着我们年轻一代的身心。

处于青春期懵懂的男孩，对于毒品，一定要提高警惕，辨别来自外界的诱惑因素，并充分认识毒品的危害，珍视自己的生命，提高抵御毒品的能力。

（1）不要有任何好奇心，不要以身试毒。以身试毒必然要付出惨痛代价。

（2）绝不抱侥幸心理，绝不要“第一次”。

（3）不结交有吸毒、贩毒行为的人，慎交朋友。遇有亲友吸毒，一要劝阻，二要回避，三要举报。

（4）远离毒品场所，严防毒品侵害。不要在吸毒场所停留，不做被动吸毒者。

（5）不要听信吸毒是“高级享受”的谎言。吸毒一口，痛苦一生。

（6）不要接受吸毒人的香烟或饮料，因为他们可能会诱骗你吸毒。

（7）不要听信毒品能治病的谎言，吸毒摧残身体，根本不可能治病。

（8）不要盲目追求感官的刺激。许多青少年就是因为空虚，追求刺激而走上吸毒道路的。“吸食毒品犹如玩火”，酿成恶果追悔莫及。

（9）不要因为遇到不顺心的事而以吸毒消愁解闷，要勇敢面对失学、失恋等人生挫折。

对于自制力还比较差的青春期男孩来说，青春的力量逼人而来，似乎具有不可抗拒的魔力，如果没有正确的认知、理智地控制，很容易成为自己冲动和欲望的奴隶，过早地尝试一些本不应该尝试的行为，一失足成千古恨。面对毒品，男孩一定要坚决地说：“不！”不要让毒品有任何接近自己的机会。在这方面，理智的自制能力，对于青少年朋友来说，尤为重要。

## 哥们儿义气绝不是英雄所为

小军是个很讲哥们儿义气的男孩子，在班上以他为首，聚集了几个脾气相投的男生，大家抱着“有福同享，有难同当”的思想，把彼此的事情都当成自己的事情来看待。

有一天，这些孩子中一个叫黄凯的男孩与高一年级的同学马力发生了争执，吃了点亏。于是，黄凯便向他的那帮哥们儿求助。小军看着受了委屈的黄凯，心想，哥们儿有难，我怎么能袖手旁观？于是立刻拉上他的那帮哥们儿，气势汹汹地冲向了马力的班级，马力看架势不对，急忙道歉，但是小军为了在朋友面前挣足面子，硬是将马力劈头盖脸地狠揍了一顿。结果，马力直接被送到了医院急救，而小军也受到了学校的严厉处分。

## 【爸爸给儿子的秘密话】

在影视剧里面，人们经常见到那些为了朋友不惜上刀山下油锅的“大英雄”，他们又往往被现实生活中的男孩子们奉为榜样，使他们误认为那样就是英雄好汉，于是，一些男孩也开始在身边的朋友圈中拉帮结派，于是“哥们儿义气”也便盛行开来。

今天，不少在校的男孩子们与意气相投的同学或社会上的青年结合在一起，往往有意识地将自己与意见不同的其他人对立起来，稍微受到外界的影响便容易将矛盾放大，进而采取打击报复的方式来彰显自己所谓的“哥们儿义气”，而结果呢，往往是伤害了别人也耽误了自己。

正处在青春期容易躁动的男孩子们，遇到同学间可能出现的各种矛盾，一定要冷静处理。多站在别人的立场上考虑，不要轻易就将对方搁置在对立面上，这样不但不利于矛盾的解决，反而容易激化矛盾。如果一心只想着帮圈子里的哥们儿，把社会上的不正当的帮派气息带进学校，无疑会对学校良好的氛围造成亵渎与污染。

作为容易冲动的小男子汉，不要将自己锁定在某一个小圈子里面，身边的所有同学都有优秀的一面，都有值得自己学习的地方，也都有需要别人帮助的时候，因此不要轻易将他人排斥出去，要学会理解他人、关爱他人，这样，自己身边的朋友会多很多，不管对人还是对己都是利大于弊。

走出“义气”的小圈子，你会成熟很多！

PART 8

# 优雅风范，铺就你的精英晋阶之路

——说给温润如玉的你

青春期是个人素养和品质形成的关键时期，这一时期养成的品性直接影响着今后的人生道路。成熟健康的养成会成为自身一种无形的资本，并会使得自己以后的人生受益无穷。

深厚的涵养、优雅的品性，能使一个人具有一种独特的人格魅力，一种高贵不凡的光芒，足以使一个人跳出平庸，成为众人中的佼佼者，成为社会中的精英。

儿子，站在青春的起跑线上，你准备好了吗?

## 在幼小的心灵种下诚实的种子

拿到卷子以后，余光激动得很，成绩平平的他总算勉强拿到90分了！发完卷子老师开始讲解试题，余光兴致勃勃，很是得意。

“下一题，答案是C，谁来讲解一下解题步骤……”

“诶？”

余光的前桌扭过头：“怎么了？”

“没，没什么……”余光试卷上大大的“B”和老师打的勾让他突然忐忑不安起来，“老师判错卷子，同学也不知道，没关系吧……这可是个难得的90分啊……”心理矛盾得很，惹得余光后半堂课什么也没听进去。回家的路上他捏着这试卷挣扎着想着要如何跟爸爸妈妈汇报呢……“这可是个难得的90分啊！”他不停地嘀咕着，很明显，难得的90分对余光来说实在是不忍心轻易丢掉，何况选择题一道也不过两分……减去两分，88分，虽说差不了多少，却终究有点失落。

到家门口，他本想“泰然自若”地进门与爸妈汇报，不料突然停下来，觉得浑身不自在。他想，这一来，我岂不是跟作弊没什么两样了吗？90分或者88分没什么大不了的啊……唉，下次再努力考90不就得了。要是这么得到90分，也太不光明磊落了！

那晚，余光没把卷子交给爸爸妈妈看。第二天他找到老师改了分数，高高兴兴地回了家，一身轻松地汇报了88分的测试结果。不就是个90分嘛，有的是机会呢，可是诚实这件事，违背一次就给自己沾上了个污点了。

## 【爸爸给儿子的秘密话】

诚实是衡量人品行高尚的一把尺子，这把尺子适用于所有人。诚实不仅是一个人品行的证明，同时，它还能使人树立起对家庭、对工作、对朋友、对社会的强烈责任感。因此不管时代怎样发展，不管社会怎样变迁，青少年朋友们都不要忘记：诚实是做人的根本。诚实是一切美德的根本，要获得别人的信任与尊重，你首先应该做到诚实。因为，欺骗别人的人，他最终会为人所识破、疏远，甚至遭到鄙弃。

19世纪英国浪漫主义运动的哲理诗人塞缪尔·科尔里奇曾教导自己的儿子：

“你不要去做那些眼睛所不能看见的任何事情，也就是我和你同在的时候你不愿意去做的那些事情。当你做错什么事情的时候，就应该像个男子汉似的立刻去承认错误。你的抱歉也许体现出你的愚拙，但是，别人却能够猜测得到你是一个非常诚实的人。一粒诚实，要远比一磅智慧强得多。我们可能因某人的聪明和智慧而羡慕他，但我们更因他所具有的美好品质而尊敬他、爱戴他。坚持真理、襟怀坦荡、以诚待人、朴实无华，是造就美好的基石。”

在任何情形下都有诚实的美誉，这样的人，在学校里会得到师生们的喜爱，在公司里会得到老板的重视，在朋友圈里会获得好人缘，在社会上会成为一个受人尊重的成功人士。

青春期男孩，要在自己的心里种下一粒诚实的种子，从小就做一个诚实的人，你所收获的将比别人更多。

生活中，青春期男孩应注意以两点：

（1）当向父母、老师、朋友撒谎后，应及时道歉，说明缘由，以求原谅。

（2）准备一个“谎言本”，时常记录、翻阅，来警醒自己。

## 别让虚荣心毁了你

齐鸣讨厌开家长会，但是每年都要开家长会，而且一年两次，每次都是要求家长参加。家长会其实就是一个大家互相攀比的平台，每次开家长会，学校外面都停满了车，豪华的，不豪华的。家长们也会衣着光鲜。

齐鸣不想开家长会是因为爸爸是个工人；妈妈以前也是工人，后来下岗了，就在一个菜市场那边卖煎饼。每次开家长会妈妈都是收拾了煎饼摊之后再来学校。他家没有车，豪华的没有，不豪华的也没有。妈妈也不会衣着光鲜的来，她是褪下套袖和围裙就来了，进了教室，有时候还觉得身上带着煎饼的味道。齐鸣觉得不光彩。

老师会邀请学生家长发言，家长们坐在自己孩子的座位上，孩子们站在教室的后面。齐鸣因为这次考了第一名，齐妈妈是第一个被邀请发言的家长。

她局促地搓着手：“我儿子挺争气的，在家也不用我们管很多。我每天很早就出门卖煎饼了，没空给他做饭，他都是自己照顾自己。我和他爸爸觉得，没有给他像别的孩子一样舒适的生活，我们很对不起他。”妈妈哭了，用冻得通红的手擦着眼泪。她看起来比其他同学的妈妈老了好多岁，皱纹都爬上了她的额头。

齐鸣对自己家没有那么富裕的嫌弃少了些。他觉得自己那么虚荣地跟家境富裕的同学攀比，很对不起爸妈。自己有时候还因为这事跟爸妈生气，他们没有训斥他，只是自己回了卧室之后叹气。

齐鸣突然觉得自己很不懂事，都是他的虚荣心，伤害了爸妈。爸妈经常跟他说，就是砸锅卖铁也要供他读书。他却在为自己的爸妈不能开车来开家长会，不能像别人的爸妈一样珠光宝气的来参加家长会而偷偷记恨爸妈。他深深地为自己的行为和想法而悔恨。

等轮到学生要当着爸妈的面说出自己的愿望的时候，齐鸣当着所有的同学、老师，还有同学们的父母，哭着跟齐妈妈说，要给他们幸福的生活。齐鸣不再和同学们攀比父母了，他知道，爸妈给他的爱一点也不比别人的父母少。

## 【爸爸给儿子的秘密话】

今天，随着生活质量的提升，我们的需求也必然越来越高了。当家庭间的发展有差距时，青春期男孩就会产生虚荣、攀比心理，攀比学习用品、衣服鞋袜、电脑，甚至金银首饰，更有的攀比是否有私家车接送。这些花花绿绿的攀比背后，反映当今青少年中普遍存在的一种心理——虚荣心。

虚荣心的危害是显而易见的。其一是妨碍道德品质的优化，不自觉地会有自私、虚伪、欺骗等不良行为表现。其二是盲目自满、故步自封，缺乏自知之明，阻碍进步成长。其三是导致情感的畸变。由于虚荣给人的沉重的心理负担，需求多且高，自身条件和现实生活都不可能使虚荣心得到满足，因此，怨天尤人、愤懑压抑等负向情绪不断滋生、积累，导致情感畸变、人格变态。

华丽的外表无法掩饰心灵的空虚。很难想象一个爱慕虚荣的人能有多大的成就，因为他们总是把一些浮在表面上的东西作为提高自己地位的条件，而不是扎实地生活和工作。

青春期男孩要克服自己的虚荣心，切莫让虚荣心膨胀，使自己深受其害。要克服虚荣心，可从以下几点做起：

首先要树立正确的荣辱观，即对荣誉、地位、得失、面子要持一种正确的认识和态度。不可过分追求荣华富贵、安逸享受，否则就真的陷入了爱慕虚荣的泥潭。

其次，要进行正确的比较。多比干劲、成绩、知识，多比别人的长处，从而认识到自己的不足；少比金钱、吃穿、职位，否则极易导致心理失衡。

## 优雅的风度让你成“幸运儿”

秦健同学在学校非常受欢迎，因为他成绩好，又热衷参加学校组织的活动，更因为他很注重自己的形象。虽然大家都穿校服，但是他的校服总是能保持清洁，发型也清爽，白衬衫，深蓝色的中山制式校服，很容易让人联想到偶像剧里充满阳光味道的男主角。

他不是那种清高孤傲的男生，他热心帮助遇到困难的同学。一次下雨的时候，他看见有个同学不小心滑倒在泥地上，他立刻跑到雨中去扶那个同学起来，虽然他的衣服上也染了污渍，但是那个时候，他的样子更容易让人想到清爽的阳光。

因为他有美好的形象而代表学校参加了中学生代表大会，出席会议的时候给人留下深刻印象的不仅是他的朝气蓬勃的形象，更让人觉得印象深刻的是他的彬彬有礼、谦虚谨慎、守时观念和美好德行。

秦健之所以获得老师和同学的好评，让这么多人发自内心地欣赏他，就是因为他能够保持自己的优雅风度，既能注意形象和服饰打扮，也能展现自己的美好品行。如果他是个非常不注意个人形象的人，或许也没有那么多人都给予他那么高的评价了。但是，如果单纯的外表美，恐怕也不会得到这么多赞扬，毕竟人们都喜欢美好形象，也更喜欢中学生美好的品德。

## 【爸爸给儿子的秘密话】

人们常说“他真是风度翩翩”“他秀外而慧中”等类似的话，这指的都是一个人的风度。

风度是一个人性格、气质、文化水平、道德修养的外在写真，是人自身所具有的较为稳定的行为习惯的外在表现方式，即一个人在言谈举止中自然表现出的各种优雅大方的语气、语调、手势、动作等。

生活中，一些人能像磁石吸引铁屑一般，自然而然地吸引他周围的人，做事则得心应手、顺心如意，这是因为他们拥有磁铁般富有吸引力的风度、个性。尽管看起来他们似乎没有那些不怎么成功的人努力，但机遇围绕着他们打转，朋友们称他们为“幸运儿”。如果我们进一步分析他们，会发现他们有着迷人的风度、个性，这就是他们赢得人心的原因所在。

没有人愿意和毫无风度、畏畏缩缩、不自信的人交往，没有人缘和朋友的人必将是孤立的，也是很难获得成功的。

培养受人欢迎的风度是很必要的，它能帮助你塑造良好形象，发展人际关系，使你成功的机遇倍增。

青春期的男孩子们，从现在起，培养自己的优雅风度吧。良好的风度需要较长时间的培养与修养，要加强自身内在的涵养，使自己心灵美，然后这种内在美才可能转化为良好的风度。

## 成大事不可不拘小节

新学期开始了，初一三班要重新选举班干部了。彭晓很高兴可以重新竞选，上次准备不充分，竞选卫生委员失败，这次做了充足的准备，相信一定能成功。

彭晓分析，这次自己最大的竞争对手应该是前任卫生委员王建。上个学期，班里的卫生成绩一直排在年级前列。为此，三班也经常得到学校的表扬，这与王建的努力是分不开的。王建是很优秀，但是自己也做好了准备，并且彭晓相信自己会做得更好。

竞选开始了，王建果然也竞选卫生委员。虽然王建的班级工作做得很好，但是他语言表达能力不强，自己在这上面有绝对的优势。果然，王建上台后，很简短地说了几句话，还面红耳赤的。渐渐地，彭晓放下心来，如果不出意外，这次肯定能当选卫生委员了。

轮到彭晓上台演讲时，彭晓讲了卫生委员的职责，搞好卫生的重要性，自己对卫生委员的认识，还向大家表了决心，他的一番演讲把竞选推向了高潮，同学们都激动地鼓起了掌。

在掌声中，彭晓马上就要结束自己的竞选演讲了："我的竞选词说完了，希望大家能支持我！"就要下台的时候，彭晓突然发现自己脚边有个废纸团，这个纸团似乎碍着他的路呢，他顺腿飞起一脚，把纸团踢向了教室的另一边。很多同学注意到了这一动作，班主任似乎也开始皱眉。然而，面对这一些，彭晓全然不知。

投票结果出来了，自己竟然落选了！彭晓怎么也不相信这样的结果。看着迷茫的彭晓，班主任把他叫到办公室。老师笑着问："知道为什么落选吗？""可能是因为王建太优秀了吧？"彭晓灰心地说。老师意味深长地看着他："纸团，你输在一个纸团上。既然看到了那个废纸团为什么不捡起来，却要一脚踢走呢？这样的行为符合你的竞选词吗？"彭晓恍然大悟，惭愧地低下了头。

"很多事情不是看怎么说，而是看具体怎么做。"老师的这句话一直萦绕在彭晓的耳边。

## 【爸爸给儿子的秘密话】

有些男孩以为：成大事者不拘小节。其实，由此会逐渐养成坏毛病、坏习惯，进而影响自己的生活、事业。小节不拘，会伤大节。

小节作为容易为大多数人所忽视的东西，却往往成为检验人品的利器。有时一个自己习以为常的习惯，一个很细微的动作，便把自己曾有的良好习性和形象破坏掉，毁了自己可能的大好前程。一个小节，往往能折射出一个人灵魂深处的东西，折射出表面形象背后的真实与伪善。

越是想成大事者，越要拘小节。况且，一个人的人品，本身就是一种价值，就是支撑“才能”的基础，没有了这个价值和基础，也就不会体现出人才的真正价值。

细节决定成败，小事左右大事。成大事者也拘小节，小节往往能够转化成影响大节、大事的关键因素，许多足以毁损大节、颠覆大事的危机，往往在小节中藏匿着蛛丝马迹。拘小节有助于预防大危机、大失败。

有志于成就一番事业的青春期男孩，在平时要注意养成“拘小节”的良好习惯，从自己的一言一行做起，从日常的生活点滴做起，从平常的待人接物做起，从各方面严格要求自己，养成严谨沉稳、自律自省的风格，为将来的成功奠定良好的基石。

## 说文明话，做文明男孩

“我晕！和我比试下军棋？看来你是活得不耐烦了。行啊，要是你小子不怕被我灭，就放马过来吧！”小程正在和同学小超兴高采烈地讲电话。妈妈在一旁听得直皱眉。

待小程放下电话，妈妈问道：“你现在怎么脏话连篇呢，都是和谁学的？这么说同学多不好啊？”小程觉得莫名其妙：“没有啊，我什么时候说脏话了？小超是我的好朋友，我们平时都这么说话的！”

妈妈见小程还没有认识到错误，生气地说道：“这难道还不是粗话、脏话吗？这么说话会伤害同学间的感情！”小程看妈妈生气了，也就不再敢说什么。可是他还是不明白：和同学很正常的交流怎么在妈妈那就成“脏话连篇”了呢？

从小程上小学的时候，妈妈就常听到他说一些改编过的儿歌、诗句，如“春眠不觉晓，处处蚊子咬。打上敌敌畏，不知死多少。”“我去炸学校，爹娘不知道，一拉绳我就跑，轰的一声学校不见了。”

以前，妈妈没怎么在意，现在看来，很有必要规范一下小程的文明用语了。

妈妈准备召开一个家庭会议，让小程认识到说脏话的错误。家庭会议上，爸爸妈妈都批评了小程，并给他讲了说脏话的危害。

“说脏话很容易形成习惯，说话时不小心就会带出来，这样是很损坏个人形象的，同时也给他人造成心灵上的伤害。”爸爸语重心长地说，“别以为你没有指着鼻子骂人，说的就不是脏话。脏话可分为粗话、黑话、气话、怪话等，你现在的很多用语都属于脏话。”

妈妈接口说道：“同样是说话，为什么不使用文明的语言呢？这会让你变得更有魅力。”

经过爸爸妈妈的“轮番轰炸”，小程也觉得自己说话似乎确实有不妥的地方，看来今后说话得更注意。

## 【爸爸给儿子的秘密话】

时下，新词、流行语漫天飞舞。当中不乏粗俗与低劣者。走在大街上，三三两两的少男少女从你身边经过，或衣饰光鲜，或青春动感，或美貌动人。然而，一口“他妈的”“牛×”等，令人心生厌恶、敬而远之。

鲁迅先生在半个多世纪之前写过一篇杂文，名之为《论“他妈的”》，批评中国的不少人，就连父与子、幼与长都用“他妈的”，对此，鲁迅感慨万千地称之为“国骂”，他说：“其实，很多中国人之中，并不随口骂人的多得很，不应该将上海流氓的行为加在他们身上。”我们一定要把讲粗话这种“流氓恶习”彻底铲去，如同古人所说的那样：“刻薄语，秽污语，市井气，切戒之。”

作为有文化、有知识、有教养的现代青少年，在交谈中，一定要使用文明优雅的语言，说话时要多运用敬语和谦语。

如询问对方姓名可用贵姓、尊姓大名、芳名（对女性）等；询问对方年龄可用高寿（对老人）、贵庚、芳龄（对女性）等；称呼长辈或上级可以用老同志、老首长、老领导、老先生、大叔、大娘、叔叔、伯伯、阿姨等；称呼平辈可以用兄、姐、先生、女士、小姐等。

在日常生活中，敬语还有一些习惯用语。如：初次见面说“久仰”，很久不见说“久违”，祝贺喜事说“恭喜”，请人批评说“指教”，请人原谅说“包涵”，求人解惑说“赐教”，托人办事说“拜托”，等待客人说“恭候”，看望别人说“拜访”，宾客到了说“光临”，陪伴客人说“奉陪”，中途先走说“失陪”，求给方便说“借光”，请人勿送说“留步”，两人告别说“再见”。

敬语中，“请”字功能很强，能量较大，是语言礼仪中最常用的敬语，青少年要多用。当言行失误之时，可说“很抱歉”“对不起”“失礼了”“不好意思”等。请求别人谅解之时，可说“请包涵”“请原谅”“请别介意”等。

青少年在与人交谈中使用文明优雅的语言，可以增进友谊，使人乐于合作、乐于提供帮助和方便，让人觉得你有修养。

## 腹有诗书气自华

石晓阳是个很不起眼的男生，起码在人群里，你不能一眼就找到他。但是，如果你遇见他，你会发现他有些不同的地方。是更明亮的眼睛吗？好像不是，他戴着厚厚的眼镜，如果摘了眼镜，他的眼睛看起来像是金鱼的泡泡眼。但是，他就是有那么点不一样，好像更有文化的样子。

其实，他是因为读书的缘故，才看起来和别人那么的不同。他从小就很喜欢读书，每天都花很多时间看书，内容当然也是包罗万象，没有什么特别限制和偏好。不管是天文还是地理，不管是文学还是经济，他都涉猎，虽然有的书内容上他基本都看不太懂，但是，也会坚持读下去。

正是因为这样的积累和磨砺，石晓阳同学在班上才显得跟别人有点不同。也许是更有气质了。起码，他在讲台上激扬文字，粪土当年万户侯的时候，看着也有那么点霸气，存在于他的眉宇之间。

石晓阳参加辩论赛的时候，其他班的参赛队都很害怕他，因为，他总是能够根据自己要论述的观点找出很多例证，让对方哑口无言。这样的时候，看着这个平凡的小男生，好像有点那种光芒四射的感觉，虽然他的长相平平，虽然他的个头偏小，但是，看着自然就有那么一种气势蕴藏在他瘦小的身体里。

有时候，他又会显得比跟他一样年纪的同学们更加忧郁和深沉，大概这个年纪的男生身上还不具备这么忧郁的气质。这样的忧郁会衬托出他的成熟的感觉。很多时候，如果班上的同学，遇到了一些没有接触过的内容，就会去问他。和同学交往的时候，他还是那个热心而且知识渊博的“石博士”。

知识可以改变人的气质吗？温文尔雅，是不是需要通过知识来加深内涵、拓展底气呢？

## 【爸爸给儿子的秘密话】

古人云：“腹有诗书气自华。”具有渊博知识的人会散发出一种儒雅的风度。石晓阳身上的魅力，即是这种魅力。一个具有渊博知识的年轻人，远比那些随波逐流、见识肤浅的同龄人更有魅力。

渊博的知识是修养的前提。学识的素养，不是短时期可以装模作样的假象，而是贯穿于生活的每个细节中黄山谷曾说：“三日不读书，面目可憎。”可知读书求知的重要性。这也正是为何有的人面目平常，但谈起话来，使你觉得可爱，如沐春风；有的人为何满面脂粉，姿态万千，但交谈却风韵全无、索然无味的原因。

所以，青春期的男孩在搞好自己的学习外，要多些课读书，尤其要多读经典名著，从中吸取丰富的营养，使自己美好的青春年华更丰润。戏剧大师莎士比亚说过："书籍是全世界的营养品，生活里没有书籍，就好像没有阳光，智慧里没有书籍，就好像鸟儿没有翅膀。"男孩子们，由此我们可以想到，读书对我们是何等的重要。

正像俄国作家普希金所说："书籍是我们的精神食粮。"男孩们，立即行动起来吧，向知识进军，用书籍点燃智慧的明灯。

## 儿子，每一分钱都值得珍惜

在陶睿的书包里，经常放有一个大的塑料袋。不知道情况的同学一定不知道，这个塑料袋是做什么用的。这个塑料袋是陈睿拿来装废弃的矿泉水瓶、易拉罐、旧报纸废纸等。每天放学后，陈睿会把丢弃在校园里或街道上可回收的废弃品，全部装在这个袋子里，把它们积攒在一起，等到足够多的时候再卖掉。

有同学在背后常常议论他："陈睿，他家是不是经济状况不好啊！不然，他为什么天天放学捡废旧品啊！""可能是吧！换成是我绝不会捡那脏兮兮的废旧品。""不会吧！听说他家境很好，不至于要捡废旧品来过日子吧！"对陈睿的议论纷纷扬扬地传开了。

几个好奇的同学，决定追踪陈睿，想看看究竟。他们几个同学远远地跟在陈睿的后面，陈睿并没有发现他们，依旧像往常一样，在校园里来回地走了一遍，把垃圾桶里可回收的废弃品全部装在了塑料袋里，提着袋子往回家的方向走去。在回家的路上，陈睿不放过任何一个垃圾桶，把每个可回收的废旧品都捡到了塑料袋里。一路上，陈睿捡来的废旧品整整装满了那个塑料袋。他扛着塑料袋向一栋高级住宅楼走去，几个同学在门口等了很久，始终没有看见陈睿出来过。经过这几天的跟踪，同学们看见陈睿常常进入那栋高级住宅楼，很久都没有出来过。“哇！没想到陈睿家就住这啊！这可是我们市里最高级的住宅楼了，没想到陈睿家境这么好，还常常捡废旧品啊！”“真是不可思议啊！陈睿还这样勤俭节约啊！太让我们佩服了。”

第二天，全班同学都知道陈睿在家境条件好的情况下，仍然坚持艰苦朴素、勤俭节约的生活习惯，对他更是刮目相看。在班会课上，班主任对陈睿的这一优秀品质进行了表扬。陈睿涨红了脸，吞吞吐吐地说道：“其实这没什么，捡可回收的废旧品不仅可以保护我们的环境，也可以养成我们勤俭节约的好习惯。换来的钱，我们可以买书、买文具，也可以捐给那些家境不太好的同学，这样做，一举两得何乐而不为呢？”

大家听后，对陈睿更是称赞有加。在他的影响下，班上的同学加入到了捡废旧品的队伍中来，做一名环境的卫士，慢慢地养成勤俭节约的优秀品质。

## 【爸爸给儿子的秘密话】

古人曾说：“俭，德之共也；侈，恶之大也。”今天，生活水平大大提高，一些男孩子养成了大手大脚的习惯。一听到“勤俭节约”，他们总是一笑：早过时啦！

这种想法是大错特错的。勤俭节约在任何时代都不过时，而是走向成功、成就美好生活的必备品质。花钱没有节制，胡乱挥霍，再多的财富也会被挥霍一空，造成生活的贫穷。

青少年朋友要养成珍惜每一分钱、勤俭节约的好习惯。节俭不仅是财富的一块基石，也是许多优秀品质的根本。节俭可以提升个人的品性，厉行节俭对人的其他能力也有很好的助益。那么，青春期男孩如何养成勤俭节约、珍惜每一分钱的好习惯呢？

1.正确认识金钱的含义。

要懂得钱是什么，钱是怎么来的和怎样正确地对待钱财。

2.珍惜物品，不浪费。

要懂得所吃、所穿、所用来之不易，随意浪费是不珍惜劳动果实、不尊重劳动的表现。经常参加劳动，体会劳动的艰辛。

3.学会花钱。

要学会自己买东西，学会如何用钱、如何选择物有所值的物品。把钱保管好，防止丢失、被窃。养成先认真思考再花钱的习惯，避免盲目消费。可以要求父母让自己“一日当家”、记收支账，这是学会理财、培养节俭品质的好方法。

4.学会积累。

手里的零用钱、压岁钱应该计划使用，适当积累。在存钱、用钱的过程中养成节俭的好品质。

5.懂得量入为出。

必须明白，花钱必须有经济来源，花钱要看支付能力如何，即使家庭经济富裕，也要坚持前面提到的四条标准。

## 干家务活，培养自理自立能力

于远的爸爸妈妈从小对孩子有一个简单的要求，与学习无关、理论无关——每天做点家务，周末帮妈妈一起收拾、打扫。这个要求在同龄的孩子中算是“稀罕”的了。在于远的班里，几乎所有同学都有着会给他们包办一切事情的家庭，父母都希望孩子能够在有限的时间内学习尽可能多的文化知识，而不被任何事情“分心”。但其实于远的成绩一点不比那些孩子差，还兼有能力和魄力，又关心同学，一直是典范型的学生。

由于于远的优异表现，家长会上，老师让于爸爸于妈妈讲讲培养孩子的心得。

“我们其实没做什么，除了教他学会生活，身为父母，我们并不能决定他的未来。”

“我们一直听孩子说，你们常让孩子做家务。孩子的课业负担那么重，你们怎么能保证他有足够的学习时间呢？”一名家长这样问道。

“学习的时间是他自己的，我们不考虑这个问题。我们必须意识到，以后孩子入社会之后，需要他们处理的杂事会更多，远远多于他现在做的这么一点家务。如果现在不培养，那么即使他们上了好大学，依旧是不会生活的人，相当于重新起步。家长要做的是让孩子学会生活，不仅仅是学会学习。”

听了这番话，连老师也忍不住点了点头。“确实，”他说，

“于远的生活能力很强，在孩子们中间他可以扮演任何的角色。也正是因为这样的教育，他能够非常妥当地处理学习和生活的关系，在各个方面都能做得有条不紊。”

## 【爸爸给儿子的秘密话】

生活中，一些男孩很少干家务活，甚至连最基本的生活自理能力都没有。他们早起不叠被子，床上、桌上乱七八糟，不会洗衣，不会做饭、烧菜，光是吃现成的，穿现成的，很少主动擦（扫）地、打水、收拾屋子……养成了一种“小皇帝”“少爷”的习气。他们常常理直气壮地说：现在的任务是专心念书，上大学，家务劳动那些生活琐事，干不干无关紧要。

其实，正如古人所说：“一屋不扫，何以扫天下？”干家务活虽是小事，但做些力所能及的家务活，对青少年的责任感、适应能力、自立能力、生存能力、良好习惯的培养都起着潜移默化的作用。

法国伟大的思想家卢梭说过这样一句话：“一个小时劳动所获得的东西，比一天听讲解得到的要多。”人的大脑是思维的基础，光有这个基础还不行，不培养锻炼是产生不了思想和智慧的。干点家务活儿，可以使之不致成为享用现成知识的人，而成为有才能、有丰富创造力的人。

生活中，家务活范围很广，包括：扫地、抹桌子、洗碗、拖地、叠被子、整理房间、做饭、买菜、洗衣服等。男孩子们，在紧张的学习之余，伸出手来，卷起袖子，抽点时间帮父母做点家务，扫扫地、抹抹桌子、拖拖地、洗洗碗……可别小看这点微不足道的小举动，它们会让你受益一辈子的！

## 十年后，成为自己最崇拜的人

初三（1）班的同学正在展开一场关于理想的热烈讨论。题目是方飞想出来的“十年后，我能否成为自己崇拜的人”，大家由这个题目展开了讨论。

有的同学崇拜毛泽东，崇拜他能够在民族危难的时候挺身而出，带领人民走向了新生活。有的同学崇拜周恩来，喜欢他为中华崛起而读书的豪迈和后来在外交中表现出的风度和礼仪。有的同学崇拜成龙、姚明……

每个人都有自己崇拜的偶像，当然也不乏科学家、医生、教师等专业的人才，后来，讨论到了下一个部分“十年后，我能否成为我自己最崇拜的人”。

每个人都需要列出自己如何成为自己崇拜的人的具体步骤和所需做出的努力。大家突然觉得成为一个优秀的人需要做的事情很多，然后需要掌握的知识也远比我们预期的多。方飞希望自己能够当一个救死扶伤的医生，他知道自己必须从中学开始就要好好学习生物的知识，不仅如此，还要学好其他的课程，这样才能为未来做个好医生打下良好的基础。虽然，现在他还不用那些跟医生的职业有关的实习，但是他也需要关注这些方面的基础生理知识。这个积累的过程很漫长，他需要坚持下去，才能在十年后成为自己最崇拜的医生。

## 【爸爸给儿子的秘密话】

青春期的男孩，几乎每个人都有自己的偶像。可能是姚明，可能是成龙，可能是孙中山，可能是牛顿，我们惊羡他们伟大的成就、精彩的生活、不凡的经历，有时把他们的照片贴满自己的小屋，有时又去购买他们的成长书。

榜样的感召力量是无穷的，崇拜某一个人，说明在内心里我们有成为这样的人的理想和愿望，只是这种愿望常常被我们忽略，有时我们觉得自己还小，未来还很遥远，有时觉得自己太过平凡，可能无法拥有卓越的人生。但是，还没有试过、努力过，怎么可以轻率地说不可以、做不到呢？

事实上，春天种下什么，到了秋天就会收获什么。春天种下一棵苹果树，夏天花开满园，到了秋天，果实成熟，沉甸甸地挂在枝头。我们立即摘下来品尝，或去储藏起来制作成更美味的果酱，留在冬天回味。

要想成为自己所崇拜的人，我们必须从十年前的今天开始就做点什么。

比如，那个当外科医生的理想。现在，就打开你的课程表吧，从里面选出和当外科医生相关的课程重点突破。大部分的医学常识其实中学的生物课程就已经涉及了，如脉搏每分钟正常跳动的范围、细胞的组织结构等，这有助于你准确判断病人的生命体征或成功实施手术。而物理化学知识，会帮助你解决救助过程中出现的各类紧急状况。

或者你是想成为杰出的外交官，那样的话你就一定要熟悉历史，练就一口流利的外语和掌握各种外交辞令。

我们现在所做的努力，就像种下苹果的种子一样，会让自己在十年后收获一个果实累累的秋天，到那时，你早已经做好了成为一个优秀外科医生的各项准备，然后，通过临床的学习和实践，很快你就可以在手术台上“穿针走线”，攻克一个又一个疑难杂症，为患者送去健康。或者你还将走上国际讲坛，用流利的英语讲述中国外科医生的发现和成就。

总之，从今天开始就学着为自己加分吧，使自己从内到外都更接近你想要变成的那个样子，坚持下去，明天的你就会是你想的那样！

## 用责任撑起你人生一片天

林立是足球队一员。这一次，球队输了，原因是林立与队友张贺闹了矛盾，关键时刻没传球给他。

球队输了，大家都垂头丧气，但没人知道最后那一球的失误是怎么回事，也没人知道那两人在闹矛盾。只顾着唉声叹气，谁也没有注意到，张贺怒目瞪了林立好几眼。林立呢，其实心里可不是滋味了。球队本是个很愉快的群体，大家互相照顾，都是铁哥们儿，跟张贺的矛盾纯属意外，但他心里也清楚，这情绪本就不该带到球场上来。不论怎么给自己找借口，他也没法不自责——这次输球，主要原因就在于自己。

可是如果坦白了这错误，会不会被大家排斥呢？大家这么看重这么努力准备的一场球赛，就因为自己的“私人恩怨”而落败，怎么想自己也是犯了大错。如何能取得原谅呢，唉……

思来想去，林立几晚没睡好，越想越觉得自己没骨气。既然错是自己造成的，为什么不敢承认呢?

他找来队友们：“兄弟们，我叫大家来，是想道歉。上回的球赛，都是我的错，若不是跟张贺闹矛盾还记仇，就不会输。这事确实责任在我，我自惭形秽，越想越觉得不该对兄弟们隐瞒，很抱歉！”

“傻小子，我们才不记仇呢，足球是个团队活，你有责任大家也有责任。况且你都这样认错了，我们还能怪罪你不成！大家都是兄弟，要一同努力啊。”

球队依旧每日练习，和张贺的矛盾也烟消云散，林立深深感到，一个人担起自己的责任有多重要。

## 【爸爸给儿子的秘密话】

小时候，我们不小心打坏了东西，就把手背到身后说：“不是我！”犯了错误却想逃避惩罚，这是人天生的毛病。长大了，我们甚至将这种毛病“发扬光大”，对自己的行为完全不负责任，经常主动犯错，然后设法逃避惩罚。我们总是以这样那样的理由来回避和逃脱责任。

习惯于逃避责任的男孩认为，承担责任是在给自己增添麻烦，增加负担，会压得自己失去力气。其实使我们失去力气的不是责任，而是我们对责任的误解。在这种情况下，责任变成负担、生活变成苦役，于是，生命的全部意义就是放弃和逃避。而最终，我们没有得到本来可以得到的快乐和幸福，我们的人生失去了应有的价值和意义。

捷克作家米兰·昆德拉说：“一个人身上的担子越重，就越能感受到生活的充实和快乐。”每个人生存在这个世界上，都有着自己无法逃避的责任。作为父母，要养育儿女；作为儿女，要孝敬父母；作为职员，要努力工作；作为公民，要履行职责和义务……

如果一个人乐意对自己的行为完全负责任，他就会义无反顾地挑起生活的重担，就会毫不畏惧地迎战人生中的困难，就会全力以赴地去实现自己的人生目标。久而久之，他必然成为一个出类拔萃的人。

责任使男孩能够时刻谨记生活目标，责任使男孩未来的事业更富于成就、家庭更加美满，责任体现了生命的全部意义。你将来的生活是否幸福，未来的事业是否有成，完全取决于对自己负责的程度。

青春期男孩们，你能真正理解“责任”二字的含义和分量吗?

## 培养超凡气质，做一个真正的男子汉

四班王老师急匆匆地往校长室赶，因为他班里的学生李耀跟人打架被校长抓了个正着。

校长室里，几个男生衣衫不整地站在墙边。王老师看见李耀脸上有伤，赶紧走过去仔细看了看。站在旁边的校医说：“没大碍，只是青了，吃点消炎药就好了。”王老师又气又心疼。挨完校长的批评后，王老师带着李耀回办公室。李耀跟在王老师后面，一边揉疼的地方，一边跟王老师说经过。原来，李耀的好朋友王兴打篮球时和隔壁三班的高强起了冲突。高强个子高是个顽劣的学生，和王兴在操场上吵起来。李耀听到了，觉得王兴和自己那么好，不去帮王兴一把太不仗义了。李耀虽然不喜欢打架，但是看高强那样嚣张，觉得自己要是示弱，就太没男子汉气概了，于是几个人就扯到了一起，正好被从旁经过的校长看到了，就被带到了校长室。

王老师听着听着，突然不走了，转过身问了一句：“李耀，你知道怎么样才是真正的男子汉？”李耀一下不知道怎么回答了。王老师又说：“回教室吧，好好反省下，想想自己有没有做错，也想想老师刚才的问题。”李耀回了教室。王老师摇摇头，看着李耀的身影说：“这些孩子。”

## 【爸爸给儿子的秘密话】

自古以来，对男子汉气概的表述不一，但其内涵基本上是一致的，那就是指男子汉应当拥有的一种超凡脱俗的气质。在古代，对男子的要求是文武双全、德艺双馨。随着社会的发展，现在对男子的武的方面的要求降低了些。但是，对于男子来说，一个健康的体魄也是必不可少的。

处于青春期的男孩子，正是在培养男子汉气概的途中。男孩子一定要先清除了男子汉气概的真正含义，再努力做一个真正的男子汉。因为，现在是一个价值观多元的社会，外界的多姿和迷离一定会影响到青春期的男孩子们。关于男子汉气概的理解也就多元化，但是，最根本的一点一定要明白，就是男子汉一定是沉稳、内敛、敢做敢当的一种品质，这是一种理想的男子的品格，需要靠修养才能达到。

怎样才能培养自己的男子汉气概呢？专家给出以下几点建议：

（1）锻炼身体。身体永远是“革命”的本钱，练就一个健康体魄是非常重要的。男孩子不能看起来弱不禁风，在班里，有什么重活，男孩子一定要先行的，所以，健康的身体非常重要。

（2）多读书，提高自己的文化修养。一个男孩子的魅力，会通过他的学识表现出来。所以，喜欢学习，善于学习，也是培养男子汉气概的必由之路。值得注意的是，学习好课本知识的同时，一定要博览群书，学习各种知识。

（3）加强自己的修养，做个能够独立思考的人。修养是一个人的立世之本，中华民族是一个重视修养的民族，所以，做事之前，先学会做人是非常重要的。做人就要严于律己、宽以待人；要先人后己，要恭孝谦良等。

青春期的男孩子，就要努力培养自己的男子汉气概，为未来的美好人生铺路。做一个优秀的人，一个真正的男子汉。

# 结语　走进青春期儿子的内心世界

青春，在半梦半醒间悄然来临。儿子，在不知不觉间突然长大。

步入青春期，儿子已不再是爸爸眼中的原来那个天真烂漫、顽皮淘气的小顽童了，而是一位朝气蓬勃、渴望独立、对人生有一定的见解、思想上有一定主见的准男子汉了。

步入青春期，意味着无忧无虑的童年生活的结束，希望与烦恼交织的青春时代的到来。

步入青春期，意味着人生从此翻开了崭新的一页，意味着自己将要面对未来的种种挑战。

青春，是一个盛开的花季，也是一个恼人的雨季。

青春期，是男孩身心和性格迅速发展的时期，无论是在身体上还是在心理上，无论是在情感上还是生活上，无论是在学习上还是在交际上，都出现了剧烈的变化和波动。

青春期是由儿童向成人过渡和转折的时期，男孩处于半儿童半成人、半成熟半幼稚的状态，他们会面临许多“边缘人”的无奈和困惑。

青春期是情窦初开的时期，男孩内心渴望与异性女孩交往，对自己心仪的女孩会萌生爱慕之情，本能的羞怯和情感的幼稚，又让他们面对恋情时显得茫然无措。

青春期是面临种种挑战和难题的时期，身心发展的矛盾、个性发展的困惑、性意识和性心理发展的冲突、社会性发展的课题等等都给男孩带来重重压力。

……

青春期，是一个急风暴雨期，也是一个叛逆期，更是一个危机期。青春期男孩更渴望独立，渴望摆脱成人的束缚和管制，更渴望成为自立自主的男子汉，但迫于经验和能力所限，他们渴望独立自主的愿望常常受到阻碍，他们在面对很多问题时容易冲动，容易做出错误的决定和行动。如果缺乏必要的心理沟通和人生引导，他们的青春就会迷失，走向岔路。

在每一个男孩的成长过程中，在每一个儿子的心目中，爸爸可以说是他们心中男子汉的榜样。男孩对男子汉的认识往往是从爸爸开始的。从爸爸身上，儿子学会了如何举手投足，如何待人接物，如何刻苦耐劳，如何担当责任，如何面对人生苦难。每个儿子长大以后，会发现自己越来越像爸爸，每位爸爸都很容易从男孩身上发现自己的影子。

爸爸是儿子坚实的靠山，更是儿子成长的引路人。儿子内心的每一个烦恼，儿子所走的每一个脚步，都牵动着爸爸的心。儿子的生活需要爸爸的保障，儿子的烦恼需要爸爸的倾听。

走进儿子的内心，聆听儿子的心声，感受儿子的烦恼，解决儿子的困惑。青春期，爸爸会永远站在儿子的身后，陪儿子一起度过青春的雨季，走向绚烂多彩的人生花季。